职业学校汽车类专业规划教材

汽车发动机
一体化教学作业指导书

工学一体
学中做·做中学

主　审：薛荣生
主　编：石浩然
副主编：王　镧　张　波
参　编：黄冠宇　刘　令　徐　彬　温明来
　　　　王　鹏　李仁云　袁祥朋　那　琦
　　　　杨　浩

西南大学出版社
国家一级出版社　全国百佳图书出版单位

图书在版编目(CIP)数据

汽车发动机一体化教学作业指导书 / 石浩然主编
. -- 重庆：西南大学出版社, 2024.1(2025.8重印)
ISBN 978-7-5697-1434-0

Ⅰ.①汽… Ⅱ.①石… Ⅲ.①汽车－发动机－职业教育－教学参考资料 Ⅳ.①U464

中国版本图书馆CIP数据核字(2022)第188927号

汽车发动机一体化教学作业指导书
QICHE FADONGJI YITIHUA JIAOXUE ZUOYE ZHIDAOSHU

石浩然　主　编

| 责任编辑：路兰香 |
| 责任校对：周明琼 |
| 装帧设计：起源 |
| 排　　版：张　祥 |
| 出版发行：西南大学出版社 |
| 　　　　　重庆·北碚　邮编:400715 |
| 印　　刷：重庆升光电力印务有限公司 |
| 成品尺寸：185 mm×260 mm |
| 印　　张：13.5 |
| 字　　数：271千字 |
| 版　　次：2024年1月　第1版 |
| 印　　次：2025年8月　第2次印刷 |
| 书　　号：ISBN 978-7-5697-1434-0 |
| 定　　价：48.00元 |

本书如有印装质量问题，请与我社市场营销部联系更换。
市场营销部电话：(023)68868624　68367498

编委会

主　任： 孙玉伟

副主任： 周晓健

编　委： 冯加明　张　郑　杨朝彬

　　　　　　王　建　王雅妍　唐坤鹏

序 言

随着我国经济发展和产业结构的调整,职业教育越来越凸显出其重要性。2022年新修订的《中华人民共和国职业教育法》明确指出"职业教育是与普通教育具有同等重要地位的教育类型"。为深入贯彻职业教育法精神,全面落实《人力资源社会保障部 国家发展改革委 财政部关于深化技工院校改革 大力发展技工教育的意见》和《技工教育"十四五"规划》要求,按照人力资源社会保障部《推进技工院校工学一体化技能人才培养模式实施方案》工作安排,重庆市人力资源和社会保障局、重庆市财政局印发《重庆市技工院校推行工学一体化技能人才培养模式实施方案》,对重庆市技工院校"工学一体化"课程改革、教材建设、师资队伍建设等提供政策支持和方向引领。

近年来汽车产业发展迅速,尤其是现代汽车新技术、新工艺、新能源的广泛应用,对汽车制造和后市场服务人才的要求越来越高。从职业学校汽车专业人才培养过程来看,作为教学基础要素的教材内容、教学方法、课程体系设置等存在不能满足现代汽车产业岗位职业能力和素质培养需求的问题。

为更好满足职业学校汽车类专业教学需求,体现职业教育特色,促使汽车类专业学生学习知识、提升技能、涵养素质,重庆五一职业技术学院组织汽车专业一线教师和行业专家按照"项目引领,任务驱动"的理念编写了这套职业学校汽车类专业教材。本套教材共3个品种,分别为《汽车底盘一体化教学作业指导书》《汽车发动机一体化教学作业指导书》《纯电动汽车一体化教学作业指导书》。《汽车底盘一体化教学作业指导书》精选了汽车底盘维修工作岗位中最为常见和通用的4个项目12个任务,如汽车传动系统的拆检、汽车行驶系统的拆检、汽车转向与操作系统的维修、汽车制动系统的拆检等;《汽车发动机一体化教学作业指导书》精选了发动机教学中6个项目的29个典型任务,如发动机机械部分的检修、发动机传感器的检修、发动机燃油系统的检修、发动机点火系统的检修、发动机冷却系统的检修、发动机机油故障灯亮的拆检等;《纯电动汽车一体化教学作业指导书》精选了纯电动汽车教学和实践中5个项目的15个典型任务,如纯电动汽车的整体认识、动力电池的认识与维护、驱动电机及传动系统的认识与维护、电控系统的认识与维护、辅助系统的认识与维护等。

  本套教材以培养满足市场需要的人才为导向,围绕企业典型工作任务,紧密结合学生的学习特点进行编写,有以下主要特色:

  1. 理实结合。套书按照"项目引领,任务驱动"的模式编写,将理论知识学习与工作任务完成紧密结合,将案例讲解与实践操作紧密结合,落实了"学中做,做中学"的理论与实践相结合的教学理念。

  2. 内容精练。基于受众是职业教育层次学生和"一体化"教学作业指导书两个因素,教材内容编写坚持"实用、够用、好用"原则,从而实现内容科学、结构严谨、容量适中、难易恰当的目标。

  3. 书证融通。教材内容对接世界和全国汽车技能大赛标准,体现"1+X"书证融通目标,拓展学生的视野,激发学生的学习兴趣。

  4. 图文结合。为更形象地呈现内容,增强内容的可读性,教材中配备了大量的精美图片,尤其在实操环节,以图片展示操作步骤,更有助于学生进行学习。

  5. 资源丰富。教材中配备了教学视频等资源。视频内容针对性强,学生易学易懂易吸收,有利于提升学习效果。

  本套教材是在充分调研的基础上,在"双师型"教师共同参与下编写完成的,编写过程中得到了有关单位和个人的大力支持和帮助,也参考了大量资料和文献,在此一并表示衷心感谢。希望教材的出版能助推职业教育发展,为我国汽车专业人才培养发挥积极作用。针对教材中的不足之处,恳请广大读者批评指正。

目 录

项目一　发动机机械部分的检修 ·············· 1
- 任务一　发动机的吊装 ·············· 3
- 任务二　发动机附件的拆检 ·············· 7
- 任务三　气缸盖的拆检 ·············· 11
- 任务四　曲柄连杆机构的拆检 ·············· 19
- 任务五　发动机的装配 ·············· 27
- 任务六　发动机气缸压力的检测 ·············· 35
- 任务七　单元测验 ·············· 38

项目二　发动机传感器的检修 ·············· 45
- 任务一　发动机综合分析仪的认知与使用 ·············· 47
- 任务二　发动机电控系统各元件的认知及其功能分析 ·············· 53
- 任务三　电控发动机空气流量计的检修 ·············· 61
- 任务四　单元测验 ·············· 71

项目三　发动机燃油系统的检修 ·············· 75
- 任务一　燃油系统结构及工作原理的认知 ·············· 77
- 任务二　燃油系统油压的检测 ·············· 82
- 任务三　燃油系统各部件的拆检 ·············· 85
- 任务四　进排气系统各部件的拆检 ·············· 90
- 任务五　燃油系统总成的维修 ·············· 96
- 任务六　单元测验 ·············· 100

项目四 发动机点火系统的检修 103

- 任务一 点火系统及点火控制原理的认知 105
- 任务二 有分电器微机控制电子点火系统的认知 108
- 任务三 有分电器微机控制电子点火系统各部件的拆检 115
- 任务四 独立点火系统的认知 124
- 任务五 独立点火系统各部件的拆检 129
- 任务六 单元测验 136

项目五 发动机冷却系统的检修 139

- 任务一 冷却系统结构及功能的认知 141
- 任务二 冷却系统基本检查方法的认知 151
- 任务三 散热器零部件的拆检 159
- 任务四 冷却风扇零部件的拆检 165
- 任务五 节温器零部件的拆检 171
- 任务六 水泵零部件的拆检 177
- 任务七 冷却液温度传感器零部件的拆检 183
- 任务八 单元测验 188

项目六 发动机机油故障灯亮的拆检 191

- 任务一 发动机润滑系统结构及功能的认知 193
- 任务二 发动机机油压力的检测 197
- 任务三 机油泵零部件的认知及拆检 201
- 任务四 单元测验 207

项目一　发动机机械部分的检修

【项目目标】

知识目标

1. 能描述发动机的组成及其零部件的作用；
2. 能叙述发动机的拆装步骤与注意事项；
3. 能认识发动机的简单故障及分析出现故障的原因。

技能目标

1. 能按照发动机维修手册的要求，对发动机进行拆装和检测；
2. 能利用相关教材、互联网等学习发动机相关知识。

素质目标

1. 养成规范操作意识和良好的安全意识、环保意识；
2. 养成互帮互助的团队协作精神。

【项目准备】

常用工具：梅花扳手、套筒扳手、扭力扳手、开口扳手、风动工具等。

设备：多媒体教学设备、展示板、翻转架、工具车、零件车、接油盆等。

常用量具：万用表、千分尺、塞尺、游标卡尺等。

专用工具：诊断仪。

油料、材料：机油、润滑脂、清洗液等。

资料：JL476ZQCF发动机维修手册（修订）、维修工单、安全操作规程。

【工作流程】

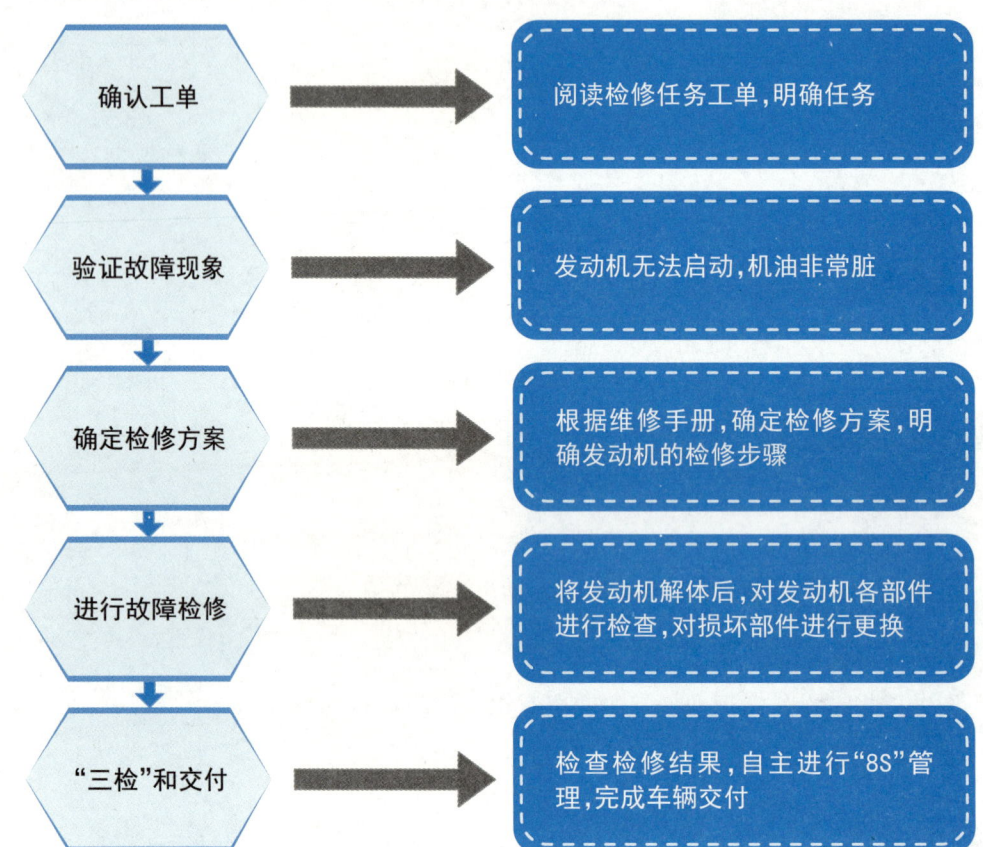

任务一　发动机的吊装

教学视频

【任务描述】

根据JL476ZQCF发动机维修手册的相关要求,在规定时间内将发动机从发动机舱内吊出来并安装在台架上,以便后续对发动机附件进行拆卸。

【学习重点】

1.能对照发动机介绍各部件名称及作用。

2.能正确选择并使用工具及设备。

3.能根据维修手册的要求,在规定时间内与组员共同进行发动机吊装,并对相关零部件进行标记,同时在作业过程中遵守安全操作规范。

【建议学时】

8学时。

【学习地点】

一体化工作站。

【学习准备】

JL476ZQCF发动机维修手册(修订)、互联网学习资源、教学整车、工具设备、多媒体教学设备。

【学习过程】

一、相关知识

发动机吊装的常用方法有以下几种:

1.从发动机舱上方吊出:发动机吊架从发动机舱顶部进入,并使用吊钩将发动机从舱顶吊出来。这种方法常常用于较小的发动机。

2.从发动机舱前部移出:使用该方法时,需要拆掉汽车的整个前脸,包括保险杠、冷凝器等,吊装设备在发动机舱的中间位置进行定位,然后使用吊索或吊带将发动机固定并移出。这种方法常常用于较大的发动机,优势是吊装过程中平衡性和稳定性更好。

3.从发动机舱底部托出:该方法需要借助举升机、可移动小车等设备,托出时要松开发动机与车身相连的所有螺栓、断开线束等,将发动机、变速器连同元宝梁一起拆下来。这种方法常常用于体积庞大的发动机。

二、任务实施

查阅相关教材及维修手册,在教师的指导下,学习从发动机舱上方吊出发动机的方法。具体操作步骤和要点如下所示。

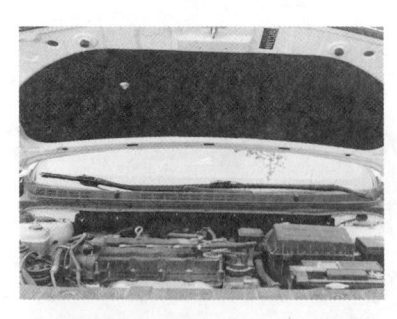	(1)打开并支撑住汽车引擎盖,然后打开发动机罩。
	(2)释放燃油系统压力:拔下燃油泵线束插头,启动发动机让其怠速运行至自动熄火,反复启动,直至不能启动。
	(3)断开蓄电池的连接线,拆下蓄电池、蓄电池底板和发动机搭铁线以及空气进气管。
	(4)断开与发动机控制单元相连的线束接头和传感器接头;断开所有与发动机燃油系统相连的接头;断开所有与发动机冷却系统相连的接头;断开所有与发动机气道管路相连的接头;断开与发动机线束有关的所有卡子。

续表

	（5）放掉变速箱中的油；放掉冷却液；放掉机油。
	（6）断开排气歧管与消声器的连接；断开离合器分离臂和变速箱离合器拉索；断开变速箱的变速和换挡拉索；断开左右驱动轴和转向横拉杆；拆卸发动机右支架螺栓和左、前、后软垫螺栓；将带变速器的发动机总成从发动机舱内吊出；将发动机与变速器分开。 注意：安装顺序与拆卸顺序相反。

【学习评价】

学习评价表

评价项目	评价标准	学生自评 （优、良、中、差）	小组互评 （点赞数）	老师评估 （是否达成目标）
知识评价	1.能描述发动机吊装的几种常用方法 2.能叙述发动机吊装的步骤和相关注意事项			
能力评价	1.能通过查阅维修手册和互联网等获得发动机吊装相关资料 2.能按照维修手册的要求正确使用相关工具进行发动机吊装			
素质评价	1.自主进行"8S"管理 2.具有团队协作精神 3.学习态度认真			
学习体会				

项目一　发动机机械部分的检修

【反思与拓展】

一、问题反思

在发动机总成的拆装过程中需要注意很多事项，思考你在本次任务实施过程中出现了哪些失误？哪一步操作最困难？哪些方面还不够熟练？

_____

_____

_____

二、知识拓展

系统了解发动机吊装的其他两种方法，描述它们的操作步骤，尝试进行操作。

_____

_____

_____

任务二　发动机附件的拆检

教学视频

【任务描述】

根据JL476ZQCF发动机维修手册的相关要求,对发动机附件进行拆卸,并对照标准值进行检修。

【学习重点】

1. 能介绍发动机各附件名称及作用。
2. 能正确选择并使用发动机附件拆卸的工具及设备。
3. 能根据维修手册的要求,在规定时间内与组员共同进行发动机附件拆卸,并对相关零部件进行标记,同时在作业过程中遵守安全操作规范。

【建议学时】

6学时。

【学习地点】

一体化工作站。

【学习准备】

JL476ZQCF发动机维修手册(修订)、互联网学习资源、发动机翻转架等工具设备、多媒体教学设备。

【学习过程】

一、相关知识

发动机附件是指除去以曲柄连杆机构和配气机构为主的主机以外的辅助部件,它们安装在主机的外部,是保证发动机正常运行的各种附属装置,如发电机、水泵、进排气歧管等。这些附件数量众多,工作环境比较恶劣,若损坏,轻则影响发动机的工况,重则导致发动机损坏。

二、任务实施

(一)拆卸进排气系统

查阅相关教材及维修手册,学习发动机进排气系统的组成、作用并能正确拆卸。

项目一　发动机机械部分的检修　　7

	(1)拆下炭罐控制阀总成；拆下增压压力温度传感器总成；拆下电子节气门总成；拆下进气歧管总成。 检查项： ①检查炭罐电磁阀：具体内容详见"项目二 发动机传感器的检修"。 ②检查传感器：具体内容详见"项目二 发动机传感器的检修"。 ③检查电子节气门：拆下电子节气门总成后，需检查电子节气门里是否有积炭或异物影响节气门的开闭。若有，需清除干净。 ④检查进气歧管：检查进气歧管是否有破损、泄漏、脏污等情况。
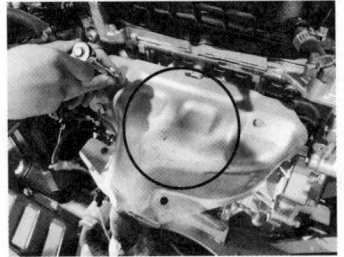	(2)拆下排气歧管隔热罩总成以及三元催化器总成；拆下排气歧管与缸盖连接螺母；拆下排气歧管总成。 检查项：检查排气歧管是否有破损、泄漏、脏污等。
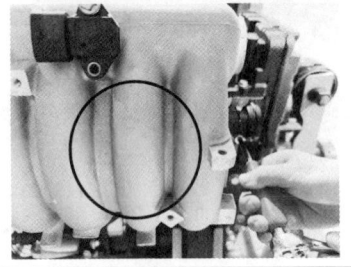	(3)观察进气歧管和排气歧管外观的不同之处。

（二）拆卸燃油系统

查阅相关教材及维修手册,学习发动机燃油系统的组成、作用并能正确拆卸。

	拆下固定燃油喷射轨道的螺栓,小心地将喷油器从发动机上取下来。 检查项：检查喷油器,具体内容详见"项目三 发动机燃油系统的检修"。

(三)拆卸点火系统

查阅相关教材及维修手册,学习发动机点火系统的组成、作用并能正确拆卸。

	(1)拔掉点火线圈总成接插件,拆掉点火线圈总成紧固螺栓,把点火线圈总成向左右各旋转约90°,然后从气缸盖罩上拔出。 注意:取出点火线圈时,须保持点火线圈高压连接管朝上,避免异物进入高压连接管内。 检查项:检查点火线圈,具体内容详见"项目四 发动机点火系统的检修"。
	(2)用扭力扳手和16 mm火花塞专用套筒拧松火花塞总成,将火花塞总成从气缸内取出,放置到规定位置。 注意:取出火花塞后,须用干净抹布堵住气缸上的火花塞安装口,防止异物进入气缸。 检查项:检查火花塞,具体内容详见"项目四 发动机点火系统的检修"。

(四)拆卸附件轮系

查阅相关教材及维修手册,学习发动机附件轮系的组成、作用并能正确拆卸。

	(1)拧松张紧轮,拆下前端轮系皮带。 注意:拆之前,应先检查皮带张紧度是否符合维修手册的标准,若不符合,应更换皮带。
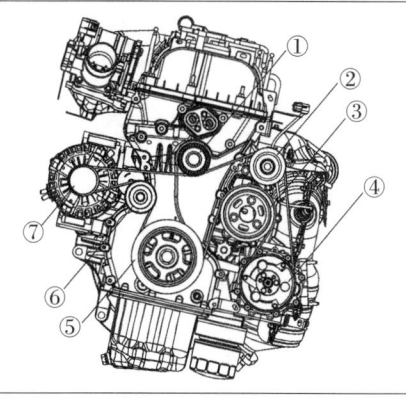	(2)取下整体式交流发电机总成⑦;取下压缩机总成④;取下前端轮系惰轮总成①;取下前端轮系张紧轮总成⑥;取下曲轴扭转减振器总成⑤。

项目一 发动机机械部分的检修　9

（五）拆卸冷却系统

查阅维修手册及其他相关资料，学习发动机冷却系统的组成、作用并能正确拆卸。

拆下发动机水泵总成。注意：拆下水泵之后，应检查水泵内部是否生锈腐蚀，水泵转动是否有异响，若有，应更换。

【学习评价】

学习评价表

评价项目	评价标准	学生自评 （优、良、中、差）	小组互评 （点赞数）	老师评估 （是否达成目标）
知识评价	1.能准确描述发动机附件的名称、作用 2.能叙述发动机附件的拆卸步骤及注意事项			
能力评价	1.能通过查阅维修手册和互联网等获得发动机附件拆卸的相关资料 2.能按照维修手册的相关要求正确拆卸发动机附件			
素质评价	1.自主进行"8S"管理 2.具有团队协作精神 3.学习态度认真			
学习体会				

【反思与拓展】

一、问题反思

在发动机附件的拆卸过程中需要注意很多事项，你在本次任务实施过程中出现了哪些失误？哪一步操作最困难？哪些方面还不够熟练？

二、知识拓展

除了本节课学习的发动机附件外，你还了解哪些发动机附件？请查阅资料进行说明。

任务三　气缸盖的拆检

教学视频

【任务描述】

气缸盖损坏会造成发动机无力、异响、无法启动等故障,严重时甚至会造成整个发动机报废,因此对气缸盖进行正确拆装与检测是很有必要的。

【学习重点】

1. 能对照发动机介绍配气机构各部件的名称及作用。
2. 能正确选择并使用气缸盖拆装与检测的工具及设备。
3. 能根据维修手册的要求,在规定时间内与组员共同进行气缸盖的拆卸与检测作业,并清除零部件上的污物,对零部件进行标记,同时在作业过程中遵守安全操作规范。

【建议学时】

6学时。

【学习地点】

一体化工作站。

【学习准备】

JL476ZQCF发动机维修手册(修订)、互联网学习资源、发动机翻转架等工具设备、多媒体教学设备。

【学习过程】

一、相关知识

(一)配气机构的组成

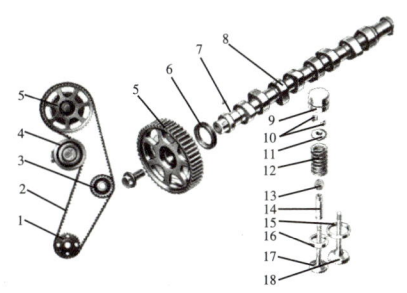

图1-3-1　配气机构组件

配气机构的组成如图1-3-1所示。

1—曲轴正时齿形带轮;2—正时齿形带;3—水泵齿形带轮;4—张紧轮;5—凸轮轴正时齿形带轮;6—凸轮轴油封;7—半圆键;8—凸轮轴;9—液压挺柱;10—气门锁片;11—上气门弹簧座;12—气门弹簧;13—气门油封;14—气门导管;15—进气门座;16—排气门座;17—排气门;18—进气门。

项目一　发动机机械部分的检修　11

(二)配气机构的分类

1. 按气门的位置不同分为：气门侧置式和气门顶置式。

图1-3-2 气门侧置式　　　图1-3-3 气门顶置式

2. 按凸轮轴的位置不同分为：凸轮轴下置式、中置式、上置式。

图1-3-4 凸轮轴下置式　　图1-3-5 凸轮轴中置式　　图1-3-6 凸轮轴上置式

3. 按凸轮轴的驱动方式不同分为：齿轮传动、链条传动、同步带传动。

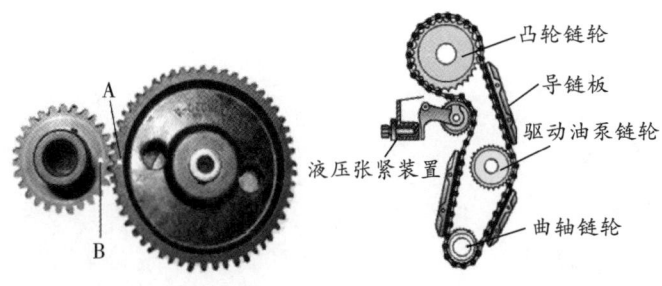

图1-3-7 齿轮传动　　　图1-3-8 链条传动　　　图1-3-9 同步带传动

4.按发动机每缸气门数量的不同分为:

(1)二气门式:一般发动机都采用每缸两气门,即一个进气门和一个排气门的结构。

(2)多气门式:当气缸直径较大,活塞平均线速度较高时,为保证良好的换气质量,有些发动机采用每缸多气门结构,如三气门、四气门或五气门结构。

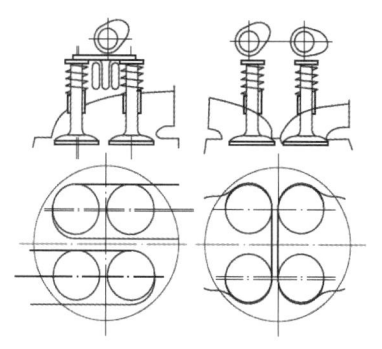

(a)同名气门排成两列　(b)同名气门排成一列

图 1-3-10　四气门布置方式

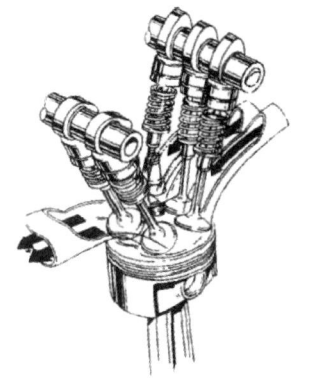

图 1-3-11　五气门布置方式

二、任务实施

(一)拆卸气缸盖

按照维修手册的要求对气缸盖进行拆卸。

	(1)顺时针旋转曲轴,调整正时机构至上止点。
	(2)拆下发动机前罩盖。

续表

	(3)拆下链条张紧器,然后顺次拆下动轨连接螺栓、定轨连接螺栓,再拆下动轨、定轨。
	(4)取下正时链条。
	(5)拆下发动机整体式凸轮轴盖,拆卸时须由外至内按逆时针顺序逐步拧松螺栓。
	(6)取出凸轮轴和液压挺柱并放置好。注意:须将液压挺柱按原安装顺序放置好,切勿打乱顺序。

	(7)拆卸气缸盖螺栓时,须由外至内按逆时针顺序逐步拧松螺栓。
	(8)拆下发动机气缸盖总成和气缸垫总成。

(二)分解气缸盖

按照维修手册的要求对气缸盖进行分解。

	此操作过程的关键是使用气门拆装专用工具拆卸气门,将拆下的气门进行标记并放置好。

(三)检查凸轮轴

查阅相关教材及维修手册,依据标准值进行凸轮轴的测量,判断凸轮轴是否能继续使用。

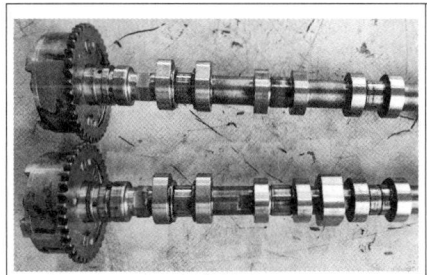	(1)检查凸轮轴外观是否有磨损、裂纹、弯曲等,若有应更换。
	(2)测量进气凸轮轴凸轮尺寸:对照维修手册,检查测得的数值是否超出标准值。 测量排气凸轮轴凸轮尺寸:对照维修手册,检查测得的数值是否超出标准值。

项目一 发动机机械部分的检修

续表

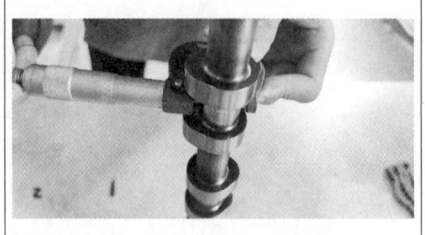	(3)测量凸轮轴轴颈直径:对照维护手册,检查测得的数值是否超出标准值。
	(4)测量凸轮轴径向圆跳动量:对照维护手册,检查测得的数值是否超出标准值。

(四)检查气缸盖和气门组件

查阅相关教材及维修手册,依据标准值进行气缸盖和气门组件的测量,判断零部件是否能继续使用。

	(1)测量气缸盖平面度,根据维修手册判断平面度是否达标。
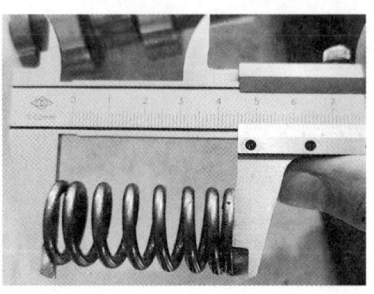	(2)测量气门弹簧长度,根据维修手册判断弹簧长度是否达标。
	(3)测量进气门杆直径,根据维修手册判断测得的值是否达标。 测量排气门杆直径,根据维修手册判断测得的值是否达标。

(五)安装气缸盖

按照维修手册的要求,根据以下操作步骤安装气缸盖。

	(1)按照与气缸盖拆卸步骤相反的顺序,装配气缸盖。
	(2)根据所做的标记安装气缸垫,再将气缸盖对准定位销进行正确放置。
	(3)按照1至10的顺序和标准力矩拧紧气缸盖螺栓。
	(4)按原安装位置安装液压挺柱和凸轮轴。
	(5)按拆卸的相反顺序以标准力矩拧紧整体式凸轮轴盖的螺栓。
	(6)按照与拆卸正时机构相反的顺序装配正时机构。

【学习评价】

学习评价表

评价项目	评价标准	学生自评 （优、良、中、差）	小组互评 （点赞数）	老师评估 （是否达成目标）
知识评价	1. 能准确描述气缸盖的组成、作用 2. 能叙述气缸盖的拆装和检测步骤及注意事项			
能力评价	1. 能通过查阅维修手册和互联网等获得气缸盖拆装的相关资料 2. 能按照维修手册的相关要求正确拆装和检测气缸盖			
素质评价	1. 自主进行"8S"管理 2. 具有团队协作精神 3. 学习态度认真			
学习体会				

【反思与拓展】

一、问题反思

1. 配气机构的哪些零部件有配对要求？如何配对？

_____

_____

2. 通过查阅资料了解配气机构的工作原理并进行简述。

_____

_____

二、知识拓展

查阅相关资料，确定本次任务中检测的发动机的配气相位角是多少？匹配正时机构除了对记号外，还有哪些方法？

_____

_____

任务四　曲柄连杆机构的拆检

教学视频

【任务描述】

曲柄连杆机构损坏会造成发动机异响、无法启动等故障,严重时甚至会造成整个发动机报废,因此正确拆检曲柄连杆机构是很有必要的。

【学习重点】

1. 能对照曲柄连杆机构介绍各部件的名称及作用。
2. 能正确选择并使用曲柄连杆机构的拆检工具及设备。
3. 能根据维修手册的要求,在规定时间内与组员共同进行曲柄连杆机构的拆卸,并对相关零部件进行标记,同时在作业过程中遵守安全操作规范。

【建议学时】

24学时。

【学习地点】

一体化工作站。

【学习准备】

JL476ZQCF发动机维修手册(修订)、互联网学习资源、发动机翻转架及工具设备、多媒体教学设备。

【学习过程】

一、相关知识

(一)曲柄连杆机构的组成

1. 机体组(图1-4-1):由气缸体、气缸盖罩、气缸盖、气缸垫、油底壳等组成。
2. 活塞连杆组(图1-4-2):由活塞、活塞环、活塞销、连杆等组成。
3. 曲轴飞轮组(图1-4-3):由曲轴、飞轮、转速传感器信号发生器、止推片等组成。

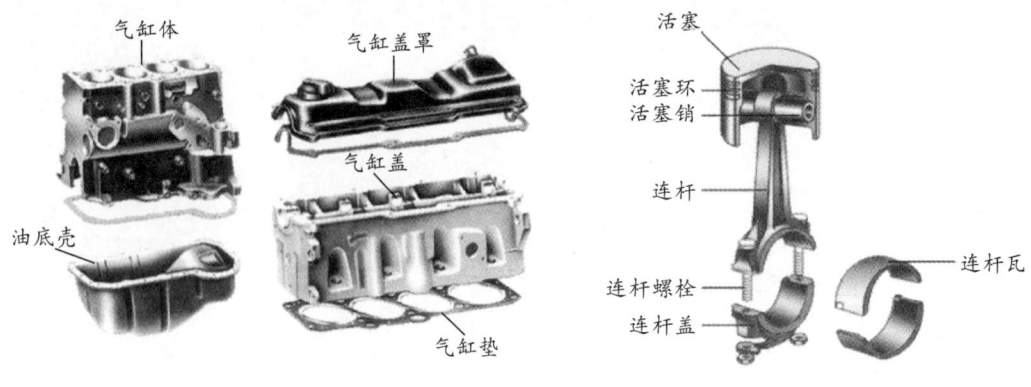

图1-4-1 机体组　　　　　　图1-4-2 活塞连杆组

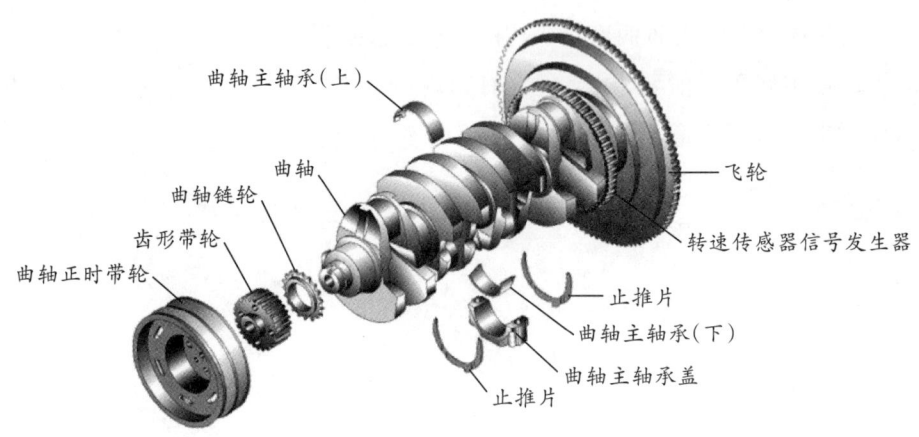

图1-4-3 曲轴飞轮组

(二)曲柄连杆机构的功能

1. 将气体的压力变为曲轴的转矩。
2. 将活塞的往复运动变为曲轴的旋转运动。
3. 把燃气作用在活塞顶上的压力转变为曲轴的转矩,从而使工作机械部件输出机械能。

(三)曲柄连杆机构的工作条件

发动机工作时,曲柄连杆机构直接与高温高压气体接触,如可燃混合气、燃烧产生的废气等,受到化学腐蚀,并且润滑困难,所以曲柄连杆机构的工作条件相当恶劣,因此,它必须能够承受高温、高压和化学腐蚀等。

二、任务实施

（一）活塞连杆组的拆卸

根据维修手册的要求，按照以下操作步骤对活塞连杆组进行拆卸。

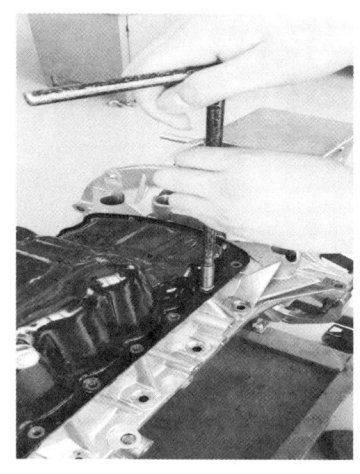	（1）首先拆下油底壳螺栓，然后拆下油底壳。
	（2）拆下机油泵链条张紧器；拆下机油泵与曲轴箱下体连接螺栓；拆下机油泵链条；拆下机油泵。
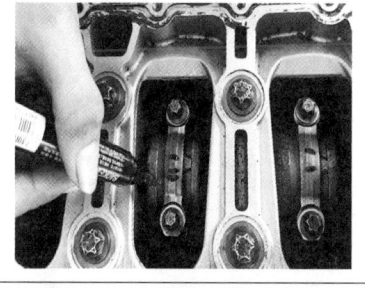	（3）用记号笔或快干漆在所有的活塞、连杆和连杆瓦、连杆盖上标注气缸号。
	（4）拆下连杆瓦、连杆盖。

续表

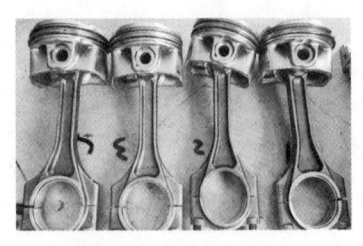	(5)将活塞和连杆从气缸上端取出,取出时必须按气缸号整齐放置,以备后续进行正确安装。
	(6)用活塞环扩张器从活塞上拆下两个压缩环(第1、2道气环)、刮油环和衬环。
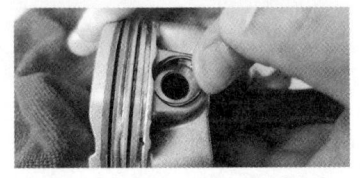	(7)轻轻地松开活塞销卡环,同时压出活塞销。

(二)检查气缸、活塞、连杆

查阅相关教材及维修手册,依据标准值检查并判断零部件是否能继续使用。

1.检查气缸

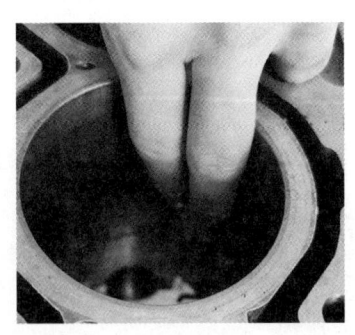	(1)观察气缸壁有无明显的刮痕、凹陷或隆起。 (2)用量缸表,在横向和纵向两个方向和3个部位(距离缸体顶面5 mm、55 mm、105 mm处)测量气缸内径。

2.检查活塞

	(1)检查活塞有无磨损、裂缝或其他损坏。
	(2)活塞直径的测量位置在活塞推力面与活塞销孔垂直的地方,即裙部最大尺寸的位置。
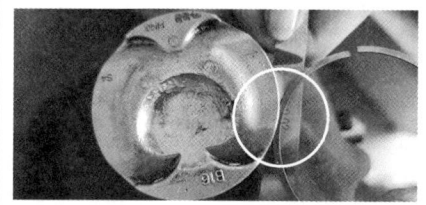	(3)用塞尺测量活塞环槽间隙。
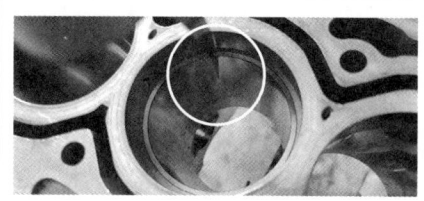	(4)测量活塞环开口间隙,将活塞环嵌入气缸,用厚度计测量间隙。
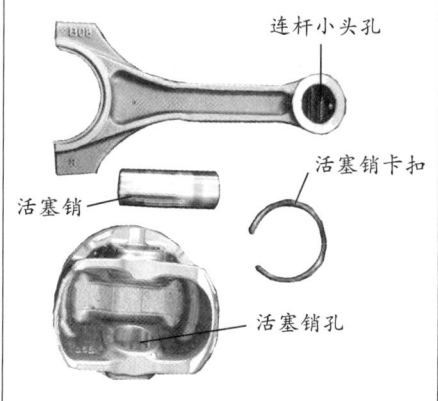	(5)检查连杆小头孔、活塞销、活塞销卡扣和活塞销孔是否有磨损或损坏。

3.检查连杆

	(1)用测微计测量曲柄销的失圆度,检查曲柄销不规则的磨损或损坏程度。
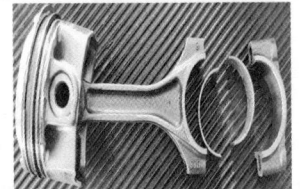	(2)检查轴瓦有无熔解、凹坑、烧蚀或表层剥落等现象,并观察接触面的形状。
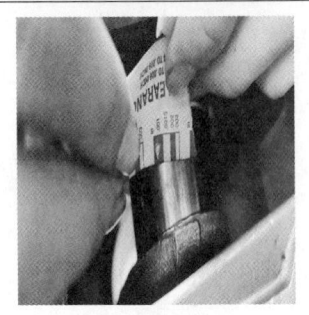	(3)检查连杆轴瓦间隙: 检查轴瓦间隙前,清除连杆轴瓦和曲柄销上的污物; 将连杆轴瓦安装在连杆和瓦盖上; 在连接连杆轴瓦时,放一片与曲轴轴线平行的塑料塞规在曲柄销上,避开油孔; 按规定力矩拧紧连杆和连杆瓦盖后又将其拆下,将标尺放在塑料塞规中。

(三)曲轴的拆卸

按照维修手册的要求,根据以下操作步骤拆卸曲轴。

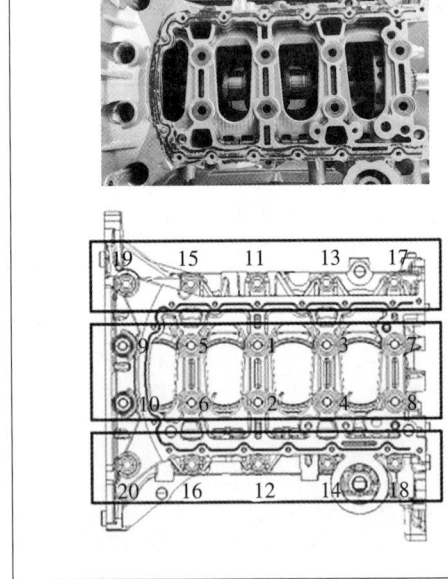	(1)按照图示的顺序对称地拧松曲轴箱上、下体连接螺栓,然后拧松轴承盖组合螺栓,最后拆下曲轴箱下体。

|  | （2）拆下曲轴止推片，取出发动机曲轴总成，取下上、下主轴瓦。 |

（四）检查曲轴、主轴承

查阅相关教材及维修手册，根据标准值判断曲轴等零部件是否能继续使用。

1.检查曲轴

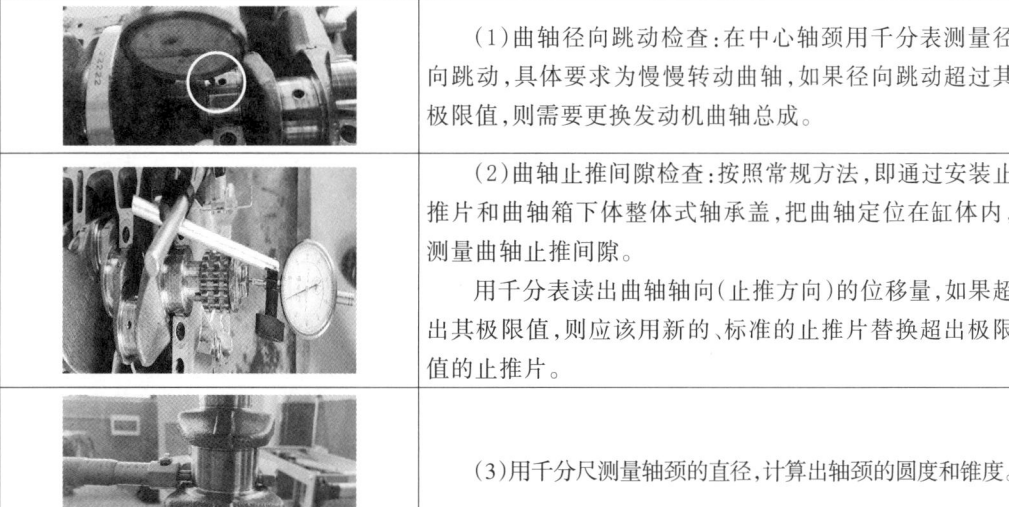

	（1）曲轴径向跳动检查：在中心轴颈用千分表测量径向跳动，具体要求为慢慢转动曲轴，如果径向跳动超过其极限值，则需要更换发动机曲轴总成。
	（2）曲轴止推间隙检查：按照常规方法，即通过安装止推片和曲轴箱下体整体式轴承盖，把曲轴定位在缸体内，测量曲轴止推间隙。 用千分表读出曲轴轴向（止推方向）的位移量，如果超出其极限值，则应该用新的、标准的止推片替换超出极限值的止推片。
	（3）用千分尺测量轴颈的直径，计算出轴颈的圆度和锥度。

2.检查主轴承

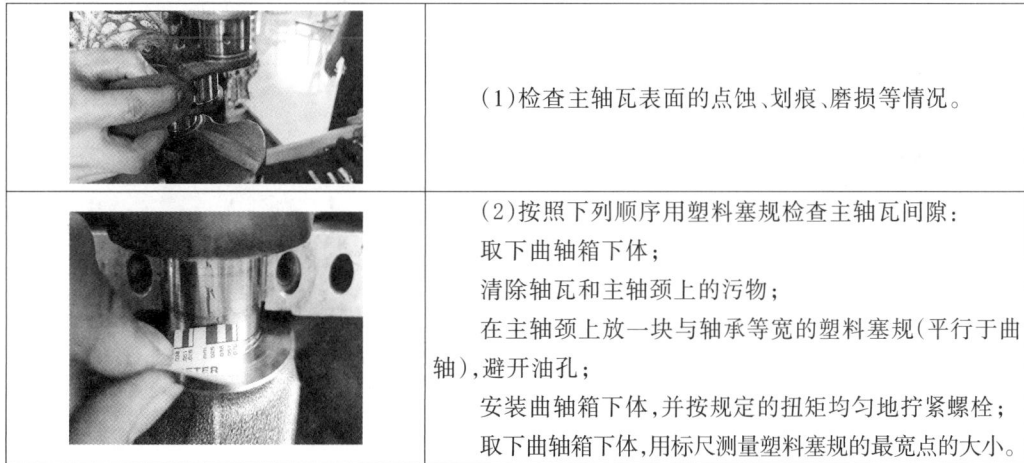

	（1）检查主轴瓦表面的点蚀、划痕、磨损等情况。
	（2）按照下列顺序用塑料塞规检查主轴瓦间隙： 取下曲轴箱下体； 清除轴瓦和主轴颈上的污物； 在主轴颈上放一块与轴承等宽的塑料塞规（平行于曲轴），避开油孔； 安装曲轴箱下体，并按规定的扭矩均匀地拧紧螺栓； 取下曲轴箱下体，用标尺测量塑料塞规的最宽点的大小。

【学习评价】

学习评价表

评价项目	评价标准	学生自评 (优、良、中、差)	小组互评 (点赞数)	老师评估 (是否达成目标)
知识评价	1.能准确描述曲柄连杆机构的组成、作用 2.能叙述曲柄连杆机构的拆卸、检测步骤及注意事项			
能力评价	1.能通过查阅维修手册和互联网等获得曲柄连杆机构的相关资料 2.能按照维修手册的相关要求正确拆卸和检测曲柄连杆机构			
素质评价	1.自主进行"8S"管理 2.具有团队协作精神 3.学习态度认真			
学习体会				

【反思与拓展】

一、问题反思

曲柄连杆机构包括哪些零部件？哪些零部件有配对要求？如何配对？

_____
_____
_____

二、知识拓展

描述曲柄连杆机构的故障现象、损坏原因以及可能引发的后果。

_____
_____
_____

任务五　发动机的装配

教学视频

【任务描述】

发动机检修完后,需对其进行装配,装配过程中有许多注意事项。若无法按照标准正确装配,会造成发动机损坏。

【学习重点】

1. 能对照发动机介绍各部件名称及作用。
2. 能正确选择并使用发动机装配工具及设备。
3. 能根据维修手册的要求,在规定时间内与组员共同装配发动机,同时在作业过程中遵守安全操作规范。

【建议学时】

14学时。

【学习地点】

一体化工作站。

【学习准备】

JL476ZQCF发动机维修手册(修订)、互联网学习资源、发动机翻转架等工具设备、多媒体教学设备。

【学习过程】

一、相关知识

清洁及修理包的认识:

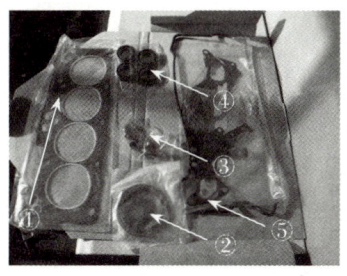	(1)清洁及修理包中部件的名称: ①气缸垫;②曲轴前后油封;③气门油封; ④进排气密封件;⑤气缸盖密封件。

项目一　发动机机械部分的检修　　27

续表

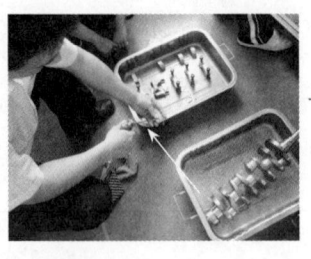	(2)对发动机各组件进行清洁。

二、任务实施

在分解完发动机后,需要进行必要的测量以确定哪些部件需要更换,哪些部件需要维修,在所需配件齐全的情况下,开始进行装配工作。

(一)曲柄连杆机构的装配

按照以下操作步骤,根据维修手册的要求对曲柄连杆机构进行装配。

1. 安装曲轴

	(1)在各主轴瓦与曲轴结合面、曲轴主轴颈面涂敷机油。注意:安装时,不能将上下主轴瓦装反、装错,瓦背与轴承座孔表面要紧密贴合,端面与曲轴箱上下体结合面应平齐。
	(2)将曲轴止推片装入曲轴箱上体内。注意:曲轴止推片上的油槽所在面应朝向曲轴的曲柄臂。
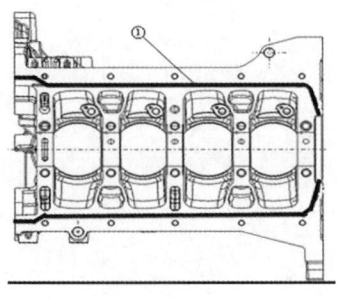	(3)在曲轴箱上体的结合面均匀地涂敷密封胶(轨迹如图中①的画线位置所示),并装入两个下箱体定位销,将曲轴下箱体装入。注意:曲轴箱上下体的结合面应保持清洁,无金属屑和其他异物。

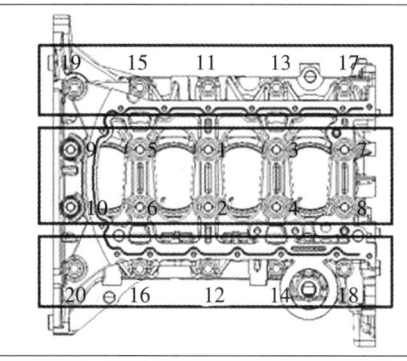

续表

(图：主轴承盖螺栓拧紧顺序示意图，编号1至20)	(4)按顺序(1至20递增顺序)拧紧主轴承盖螺栓和曲轴箱上下体连接螺栓，或用拧紧机同时拧紧所有螺栓。拧紧时应以(35±2)N·m力矩将所有螺栓预紧，再旋转(180±5)°，角度从(35±2)N·m开始计算。
注意：主轴承盖螺栓一经拆下不可重复使用，安装时必须用新的；安装完毕后应旋转曲轴，检查曲轴运转是否有卡滞现象，若有，则均需重新检查和装配曲轴、轴瓦。	

2. 安装活塞、连杆

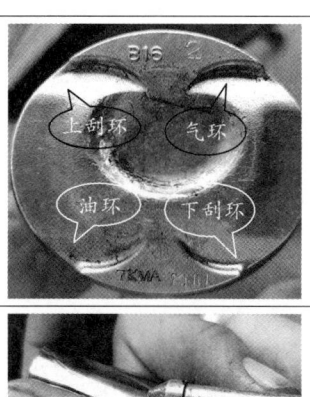

(图：活塞顶部，标注上刮环、气环、油环、下刮环)	(1)将气环、刮环装入活塞中相应的环槽。注意：有标记的面要朝向活塞顶面；钢带组合油环中的衬环开口处应对接，不得搭接，且装配时不能遗漏刮片。
(图：活塞销涂机油)	(2)安装活塞销前，在活塞销和活塞销孔上涂敷机油。
(图：连杆与活塞装配)	(3)将连杆与活塞安装好，最后将活塞销装在活塞与连杆上。
(图：安装活塞销卡环)	(4)安装活塞销卡环。

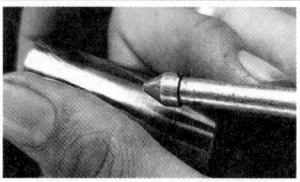

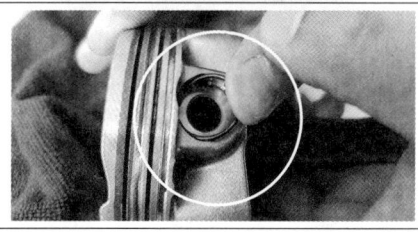

续表

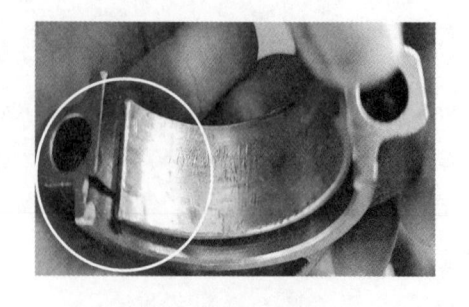	（5）将连杆轴瓦装入对应的连杆体和连杆盖内，贴合应良好。
	（6）使用专用工具将活塞推入气缸内。注意：活塞顶面的箭头标志应指向汽油机前端，且连杆大端的凸台应与活塞顶的箭头方向一致。
	（7）按 1、4、2、3 缸的顺序拧紧连杆螺栓或用拧紧机同时拧紧。拧紧时应将所有连杆螺栓以 (20 ± 1) N·m 力矩预紧，再旋转 $(90\pm5)°$，角度从 (20 ± 1) N·m 开始计算。注意：连杆螺栓一经拆下不可重复使用，安装时必须使用新的；安装完毕，曲轴的转动力矩应不大于 10 N·m，转动应平顺，无卡滞现象。

（二）配气相位机构的装配

按照以下操作步骤，根据维修手册的要求对配气相位机构进行装配。

1.气门机构的装配

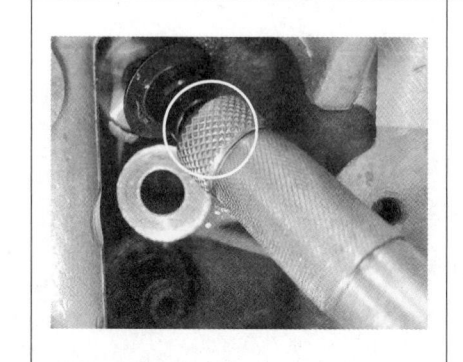	（1）将气门油封压入气门导管并确认安装到位。注意：装入时油封弹簧不得移位或脱落，唇口要完好，不能损伤；气门油封一旦拆下，不得重复使用，安装时一定要使用新的；安装时，绝对不要用锤子或其他东西轻敲或重击气门油封。

续表

|  | （2）气门弹簧座应落座在弹簧内,用专用设备(气门提升器)固定气门,压下弹簧座安装气门锥形锁块,将弹簧正确夹持于气门锁块槽内,不得漏装或脱落。 |

2. 液压摇臂组件的安装

|  | （1）安装液压摇臂组件前,应在气缸盖的安装孔内涂敷机油。 |
|  | （2）将已组装的液压摇臂组件分别安装在气缸盖的摇臂孔内,摇臂工作圆弧应位于进排气门工作面上,安装过程中不得碰伤摇臂工作圆弧。注意:液压摇臂组件安装到位后,应确保无卡滞等异常现象。 |

3. 气缸盖的安装

| 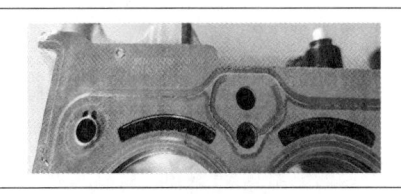 | （1）根据定位销和油孔位置安装气缸垫。注意:气缸垫一旦拆下,不能再次使用,安装时一定要使用新的。 |
|  | （2）转动曲轴,使四个活塞顶面处于同一高度。 |

项目一　发动机机械部分的检修

续表

	（3）安装气缸盖定位销和气缸盖，并使其落座到位。
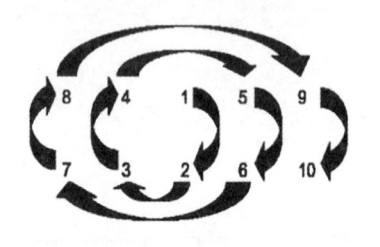	（4）采用"扭矩+转角"法，按从中间到两边的顺序（左图中1-10的顺序）手动对称拧紧气缸盖连接螺栓。注意：拧紧时应先以(25 ± 2) N·m扭矩预紧，再旋转$(180\pm5)°$，角度从(25 ± 2) N·m开始计算。或采用拧紧机同步拧紧所有螺栓。

4. 凸轮轴的安装

	（1）放置凸轮轴前，在凸轮轴轴径、液压摇臂滚轮上的安装位置涂敷机油。
	（2）放置好凸轮轴后，将整体式凸轮轴盖装上，并将轴盖螺栓按从中间到两边的顺序对称拧紧或用拧紧机同时拧紧。注意：从装配凸轮轴到将链条装配到位之前，禁止旋转曲轴，以避免任何一缸活塞处于上止点时气门与活塞相撞。

5. 正时机构的安装

	（1）安装正时链条总成：拆卸正时机构时，已对各安装对准点进行了标记，此时只需将正时链条总成上的各安装标记点与曲轴正时链轮上的安装标记点、排气相位器总成上的安装标记点与进气相位器总成上的安装标记点对准即可。 安装定、动轨总成：安装正时链条定轨总成和动轨总成，并按规定力矩拧紧导轨螺栓。拧紧螺栓后左右轻轻摇动动轨总成，保证其能正常运动。

续表

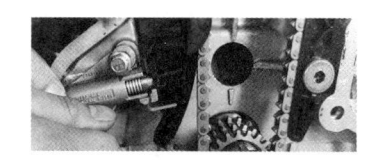	（2）安装正时链条张紧器总成：正时链条张紧器总成未装配之前，严禁拔出张紧器锁销；在正时机构装配完成后，复查正时标记是否对齐，正时链条总成是否在动轨总成、定轨总成导向槽内，确保准确无误后再拔出张紧器锁销。注意：在装配完正时链条系统后，禁止反向（逆时针）转动曲轴。
	（3）安装发动机前罩盖前，先将曲轴前油封总成压入发动机前罩盖，其位置应与油封孔端面齐平，凹下应不大于 0.5 mm，油封弹簧不得移位或脱落。将密封胶均匀地涂敷于发动机前罩盖对应的缸体、缸盖上，然后安装发动机前罩盖。

（三）发动机点火系统的安装

按照与拆卸相反的顺序，安装点火系统，包括火花塞、点火线圈等。

（四）发动机燃油系统的安装

按照与拆卸相反的顺序，安装喷油器、燃油共轨管总成等。

（五）发动机进排气系统的安装

按照与拆卸相反的顺序，安装进气歧管、排气歧管总成。

（六）发动机附件的安装

安装水泵总成、水泵皮带轮总成、前端轮系皮带、整体式交流发电机总成、压缩机总成、前端轮系惰轮总成、曲轴减振器皮带轮、前端轮系张紧轮及皮带。皮带的安装要求如下：

1. 顺时针扳动张紧器；
2. 将皮带按照图 1-5-1 所示缠绕（皮带上文字字头朝向发动机）在张紧器带轮上；
3. 慢慢松开张紧器；

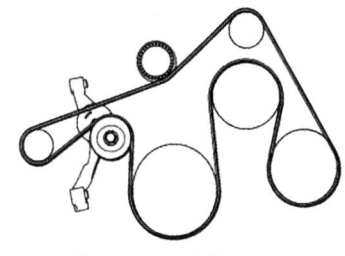

图 1-5-1　皮带的安装

4.检查皮带是否完全安装在各带轮楔槽内。

（七）整车装配

1.按照与拆卸相反的顺序,将发动机吊装回发动机舱里,连接各管路、线路;

2.向发动机冷却系统加注冷却液,排出系统中的空气;

3.向发动机加注机油;

4.向变速器加注变速器油;

5.装上蓄电池,并接好负极电线;

6.确保软管连接处及各接头处无冷却液、机油泄漏。

【学习评价】

学习评价表

评价项目	评价标准	学生自评 （优、良、中、差）	小组互评 （点赞数）	老师评估 （是否达成目标）
知识评价	能准确叙述发动机的装配步骤和注意事项			
能力评价	1.能通过查阅维修手册和互联网等获得发动机装配的相关资料 2.能按照维修手册的相关要求正确装配发动机			
素质评价	1.自主进行"8S"管理 2.具有团队协作精神 3.学习态度认真			
学习体会				

【反思与拓展】

一、问题反思

发动机装配过程中有哪些注意事项？请进行说明。

_____

_____

二、知识拓展

若被检测的发动机气缸垫损坏,存在窜气故障,那么两个缸窜气与三个缸窜气的检测结果有何区别？

_____

_____

任务六　发动机气缸压力的检测

【任务描述】

装配完发动机后,需要对发动机的工况进行检测,其中气缸压力测试是重要的检测项目之一。

【学习重点】

1. 能说出发动机气缸压力的测试步骤。
2. 能正确选择并使用发动机气缸压力测试工具及设备。
3. 能根据维修手册的要求,在规定时间内与组员共同进行发动机气缸压力测试,同时在作业过程中遵守安全操作规范。

【建议学时】

14学时。

【学习地点】

一体化工作站。

【学习准备】

JL476ZQCF发动机维修手册(修订)、互联网学习资源、发动机翻转架等工具设备、多媒体教学设备。

【学习过程】

一、相关知识

通过测量气缸压力可以分析、诊断发动机气缸的密封性和进排气系统是否通畅,是否存在冲缸床、气门漏气(关闭不严或损坏)等问题,以确定发动机各气缸压力是否足够、是否均匀,从而判断发动机是否能够正常工作,是否需要解体或进行一定的修理。发动机大修完毕后进行气缸压力测试,也可以判断维修效果。

二、任务实施

查阅相关教材及维修手册,了解气缸的正常工作压力,学习在发动机上测试气缸压力的方法并进行测试。

1. 将压力表插入_____;
2. 节气门_____;
3. 发动机_____时,测量压缩压力。

注意:测量气缸压力时要拆下油泵保险,否则会出现淹缸现象,导致气缸内的压力偏低。测量气缸压力时还需要拆下火花塞,如果不拆火花塞而直接进行测量,会导致测得的气缸压力大于实际压力。

【学习评价】

学习评价表

评价项目	评价标准	学生自评 (优、良、中、差)	小组互评 (点赞数)	老师评估 (是否达成目标)
知识评价	能准确叙述气缸压力测试的步骤和注意事项			
能力评价	1. 能通过维修手册、互联网等查阅气缸压力测试的相关资料 2. 能按照维修手册相关标准正确使用工具测试气缸压力			
素质评价	1. 自主进行"8S"管理 2. 具有团队协作精神 3. 学习态度认真			
学习体会				

【反思与拓展】

一、问题反思

1. 发动机气缸压力测试中有哪些注意事项?
   _____
   _____

2. 观察测得的气缸压力值是否正常,若超过或低于标准值,分析其原因并说明可能引发的后果。
   _____
   _____

二、知识拓展

搜集并了解不同排量发动机的气缸压力,比较它们的异同并分析原因。
_____
_____

任务七　单元测验

机型：JL476ZQCF 发动机

模块竞赛时间：60 分钟

选手参赛号	国家代码	模块	翻译后语言
	CN	D	CN

竞赛说明：参照下列顺序完成各项作业

作业说明	
D1	按照要求分解发动机
D2	按照报告单的要求进行测量
D3	根据检查、测量结果确定维修方案并维修
D4	组装发动机
D5	根据工业标准完成所有工作

注意事项及要求：

(1)需要将所有力矩值报告给裁判,操作时按规定力矩拧紧部件,转角只按规定值的 1/2 拧紧。

(2)如果维修手册中的"部件规格"数据与手册中关于测量的数据不一致,以手册中关于测量的数据为准。

报告单

气缸盖(单位:mm)		
项目	测量值	规范值
气缸盖平面度		

是否可用：YES☐　NO☐

1缸气缸孔(单位:mm)						
气缸直径			圆度		圆柱度	
测量值	规范值	测量值	规范值	测量值	规范值	测量值	规范值
A_1 横向上		B_1 纵向上					
A_2 横向中		B_2 纵向中					
A_3 横向下		B_3 纵向下					

是否可用：YES☐　NO☐

3缸气缸孔(单位:mm)

气缸直径						圆度		圆柱度	
	测量值	规范值		测量值	规范值	测量值	规范值	测量值	规范值
A_1 横向上			B_1 纵向上						
A_2 横向中			B_2 纵向中						
A_3 横向下			B_3 纵向下						

是否可用:YES☐　NO☐

3缸活塞、配缸间隙、活塞环(单位:mm)

项目	测量值	规范值
活塞直径		
活塞间隙		
第一环环槽间隙		
第二环开口间隙		

是否可用:YES☐　NO☐

3缸连杆(单位:mm)

项目	测量值	规范值
连杆轴瓦间隙		
连杆大端间隙		

是否可用:YES☐　NO☐

3缸曲柄销(单位:mm)

曲柄销直径(X水平方向、Y竖直方向)						失圆度		锥度	
	测量值	规范值		测量值	规范值	测量值	规范值	测量值	规范值
X_1			Y_1						
X_2			Y_2						

是否可用:YES☐　NO☐

第1道主轴颈(单位:mm)									
主轴颈直径(X水平方向、Y竖直方向)				失圆度		锥度			
测量值	规范值	测量值	规范值	测量值	规范值	测量值	规范值		
X₁		Y₁							
X₂		Y₂							

是否可用:YES□　NO□

凸轮轴(单位:mm)		
项目	测量值	规范值
3缸排气凸轮高度(只测量前1个)		
3缸排气凸轮轴直径		

是否可用:YES□　NO□

气门、弹簧(单位:mm)		
项目	测量值	规范值
3缸排气门杆直径(只测量前1个)		
3缸排气门弹簧自由长度(只测量前1个)		

是否可用:YES□　NO□

竞赛评分表

选手参赛号		裁判签字	
竞赛机型		JL476ZQCF发动机	
任务时长	60分钟	实际用时	

续表

项目	序号	标准描述	分值	是/否完成	得分
安全与规范（5分）	1	填写选手号，阅读作业说明，查阅维修手册	1		
	2	给工作台做清洁工作，清除油污	1		
	3	规划工作场地，准备好可移动台架、工具箱、零件车，锁止固定	1		
	4	个人防护：拆装时戴护目镜，视情况戴线手套、胶手套（测量时可不戴）	1		
	5	安全检查：检查发动机与翻转架的安装情况，检查发动机型号	1		
发动机拆卸（10分）	1	转动曲轴，检查转动情况	1		
	2	用专用工具拆气门、拆气门油封	2		
	3	拆下气门组件，按顺序放置，以便原位装回	1		
	4	用记号笔标记活塞、连杆盖	1		
	5	去除气缸罩上的积炭	1		
	6	拆卸四个活塞	1		
	7	用活塞环扩张器拆下两个压缩环	1		
	8	根据维修手册，按顺序分两次以上拆下曲轴箱体	2		
测量发动机的指定部件（60分）	1	每次测量前，要对被测表面和量具进行清洁。错误1处得0分	1		
	2	每次使用量具前要先校正归零，错误1处得0分	1		
	3	对气缸盖平面度进行六位五点测量。对照评分标准，错误1处得0分	3		
	4	用游标卡尺测气缸直径	2		
	5	正确选用外径千分尺(75—100 mm)，对千分尺校准（垫布夹持、清洁校零）	1		
	6	检查量缸表，要求表杆伸缩自如，选择合适的测杆并锁紧	1		
	7	用直尺标注三个测量位置：5 mm、55 mm、105 mm	2		
	8	对指定气缸(1缸)进行测量，要求数据正确。对照评分标准，错误1处得0分	3		
	9	计算圆度、圆柱度，要求数值正确。对照评分标准，错误1处得0分	2		
	10	对指定气缸(3缸)进行测量，要求数据正确。错误1处得0分	3		
	11	计算圆度、圆柱度，要求数据正确。对照评分标准，错误1处得0分	2		
	12	测量活塞(3缸)直径，要求数据正确。对照评分标准，错误1处得0分	3		
	13	计算活塞间隙，要求数据及单位正确。错误1处得0分	3		
	14	测量活塞环(1环)环槽间隙，要求数据及单位正确。对照评分标准，错误1处得0分	2		
	15	测量活塞环(2环)开口间隙，在气缸底部位置测量，要求数据及单位正确。对照评分标准，错误1处0得分	2		
	16	对轴颈及轴承盖做清洁，放塑料塞规，力矩为20 N·m+90°（不减半），清除轴承盖和轴颈上的塑料塞规残余物	2		

续表

项目	序号	标准描述	分值	是/否完成	得分
测量发动机的指定部件(60分)	17	测量连杆瓦(3缸)间隙,要求数据及单位正确。对照评分标准,错误1处得0分	3		
	18	测量连杆大端(3缸)间隙,要求数据及单位正确。对照评分标准,错误1处得0分	2		
	19	测量连杆轴颈(3缸)直径,要求数据及单位正确。对照评分标准,错误1处得0分	3		
	20	计算失圆度、锥度,要求数值正确。对照评分标准,错误1处得0分	2		
	21	测量主轴颈(第1道)直径,要求数据及单位正确。对照评分标准,错误1处得0分	3		
	22	计算失圆度、锥度,要求数值正确。对照评分标准,错误1处得0分	2		
	23	测量凸轮(3缸排前)高度,要求数据及单位正确。对照评分标准,错误1处得0分	3		
	24	测量凸轮轴(3缸排前)直径,要求数据及单位正确。对照评分标准,错误1处得0分	3		
	25	测量气门杆(3缸排前)直径,要求数据及单位正确。对照评分标准,错误1处得0分	3		
	26	测量气门弹簧(3缸排前)自由长度,要求数据及单位正确。对照评分标准,错误1处得0分	3		
装配发动机(20分)	1	对大瓦进行润滑,安装曲轴,安装止推片,油槽朝曲柄销	2		
	2	安装曲轴下箱体,涂密封胶,将轨迹示裁判;更换后的油封位置应与油封孔端面齐平,凹下应不大于0.5 mm	2		
	3	更换主轴承盖螺栓,给螺纹涂机油,力矩为35 N·m+180°;按顺序安装侧边螺栓,力矩为23 N·m	3		
	4	转动曲轴,要求无卡滞	2		
	5	对活塞、气缸、连杆、压缩器进行润滑	2		
	6	查阅维修手册,按气缸横、纵轴线45°方向分布活塞环的开口,按箭头朝前方向将活塞连杆组件推入气缸	2		
	7	对瓦盖进行润滑,凸台朝前安装,给连杆螺栓螺纹涂机油,按顺序拧紧螺栓,力矩为25 N·m+90°	2		
	8	顺时针转动曲轴两圈验证活塞连杆装配状况,力矩不大于10 N·m	2		
	9	更换气门油封,给气门杆进行润滑,用专用工具安装气门及油封,用榔头敲击	3		

续表

项目	序号	标准描述	分值	是/否完成	得分
安全文明（5分）	1	清理工具、量具,并放回原位	2		
	2	做好场地、工作台面的卫生工作	2		
	3	废旧物件分类放置	1		
		总分	100		

备注:(1)未穿工作服及劳保鞋,扣2分;
　　　(2)工具及零件落地一次扣1分,以次数累加,最多扣3分;
　　　(3)工具、量具、零部件损坏、受伤,扣5分。

项目二　发动机传感器的检修

【项目目标】

知识目标

1. 能复述发动机电控系统的组成；
2. 能独立识别发动机电控系统各组件的功能；
3. 能叙述发动机电控系统的检测方法。

技能目标

1. 能根据任务目标制订检修计划；
2. 能根据检修计划，选择正确的检测和诊断设备对发动机电控系统进行检修；
3. 能使用万用表、发动机综合分析仪等检测和诊断设备对电控系统的传感器、控制器、执行器进行检测；
4. 能正确记录、分析各检测结果并做出判断。

素质目标

1. 养成规范的作业习惯，提高综合职业素养；
2. 培养合作精神和团队意识。

【项目准备】

常用工具：梅花扳手、套筒扳手、扭力扳手、开口扳手、风动工具、发动机修理包等。

设备：多媒体教学设备、教学整车或发动机试验台、工具车、零件车、接油盆等。

常用量具：万用表、千分尺、塞尺、游标卡尺等。

专用工具：发动机综合分析仪、诊断仪。

油料、材料：汽油、机油、润滑脂、清洗液等。

资料：汽车维修手册、维修工单、安全操作规程、教学课件。

【工作流程】

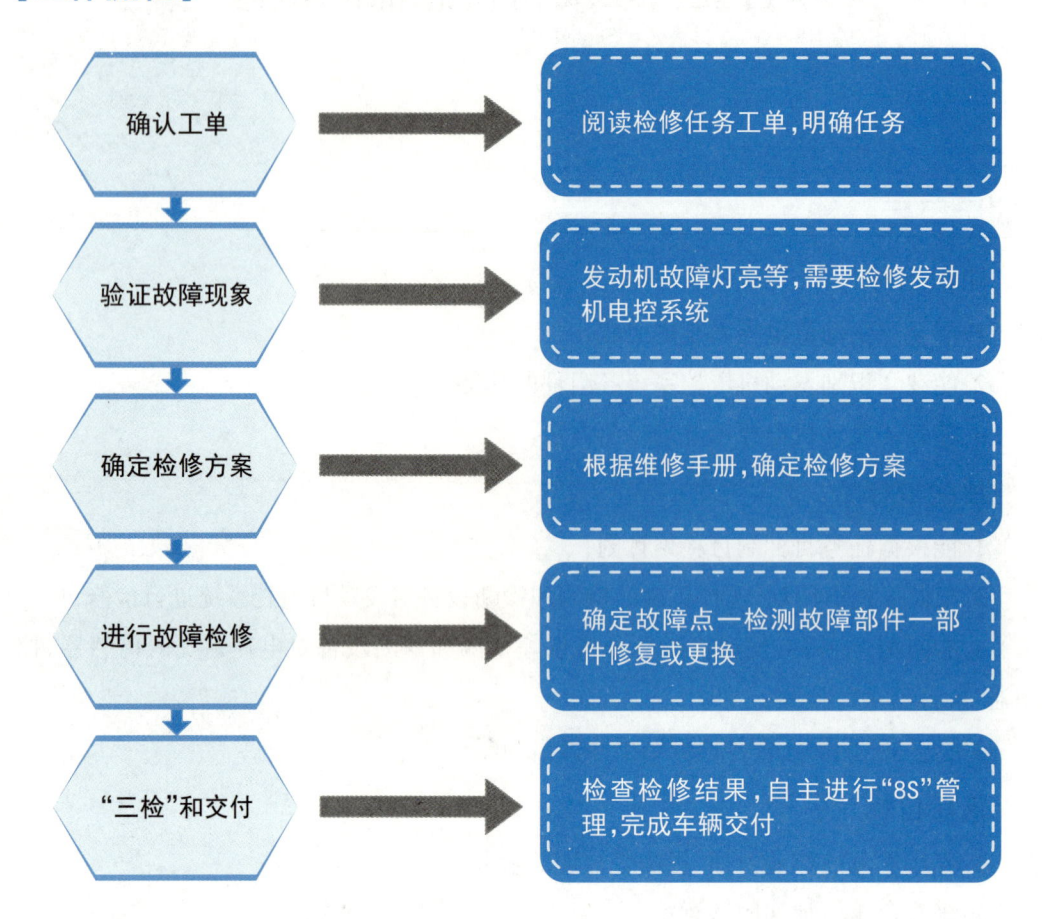

确认工单	阅读检修任务工单,明确任务
验证故障现象	发动机故障灯亮等,需要检修发动机电控系统
确定检修方案	根据维修手册,确定检修方案
进行故障检修	确定故障点—检测故障部件—部件修复或更换
"三检"和交付	检查检修结果,自主进行"8S"管理,完成车辆交付

任务一　发动机综合分析仪的认知与使用

【任务描述】

发动机综合分析仪是通过传感器采集信号,信号经前端预处理器处理后,输入计算机进行再处理,然后以不同的形式输出,可以直观、方便地对发动机进行故障检测、分析与诊断的仪器。它还可以和检测线主机以不同方式进行数据信息交换,对车辆信息和检测数据进行集中监控与管理。因此,正确熟练地使用发动机综合分析仪可以有效帮助维修人员分析和解决车辆故障,是维修人员必须掌握的技能之一。

【学习重点】

1. 能正确查阅任务书、设备使用手册。
2. 熟悉发动机综合分析仪的各种功能,并能正确使用发动机综合分析仪。
3. 能读取故障码,并对照车辆找出故障部位。
4. 能收集车辆相关信息数据。

【建议学时】

6学时。

【学习地点】

一体化工作站。

【学习准备】

别克君威汽车维修手册、FSA740发动机综合分析仪及其使用说明书、教学整车、汽车维修常用工量具、多媒体教学设备。

【学习过程】

一、相关知识

发动机的故障指示灯总是亮,说明发动机电控系统有故障。要找出故障,可以用发动机综合分析仪读取故障码,并据此确定维修方案。为此需要先认识发动机综合分析仪。FSA740(图2-1-1)是一款由博世公司研发的智能发动机综合分析仪,其功能主要有以下几方面:

1.提供完整的诊断系统:FSA740为维修站提供了一个完整的诊断系统,可以快速精确地进行故障诊断。

2.具有信号发生器功能:发动机综合分析仪添加了信号发生器功能,可以测试传感器及其供电电路和连接件的性能。

3.具有部件测试功能:发动机综合分析仪可以精确地定位故障。将发动机综合分析仪与相应的元件连接后,在不必拆卸发动机的情况下,就可以进行故障测试及定位。

4.具有发动机测试功能:FSA740有功能全面的测试模块及多样的传感器,可以实现发动机有关信号的测量。

5.具有控制总成诊断功能:KTS540可以读出汽车电脑系统所记忆的故障,从而准确定位故障。

此外,FSA740还具有模块化设计、高性能计算等特征。

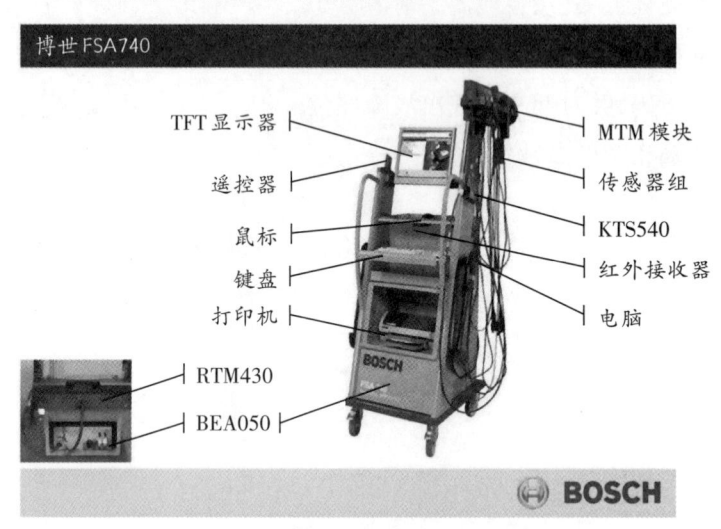

(a)整体图

(b)局部图

图2-1-1 博世FSA740发动机综合分析仪

二、任务实施

(一)连接发动机综合分析仪并读取故障码

在实训车辆或实验台架上找到诊断及测试插头,正确连接发动机综合分析仪并读取故障码。本次教学选用的是别克君威汽车,操作位置在仪表板下方转向柱附近,选用SMART OBD II-16测试接头。

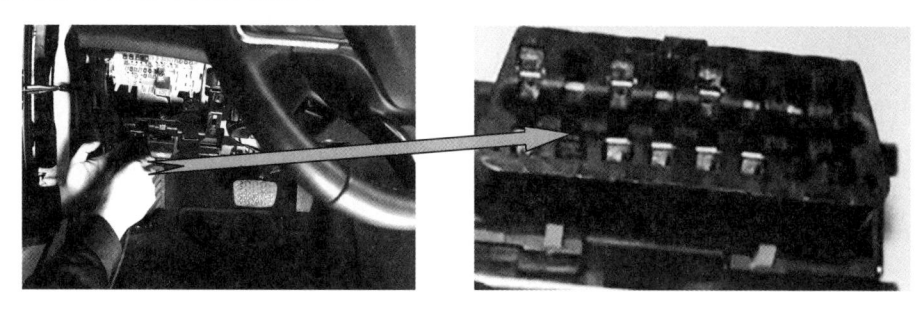

图2-1-2 诊断及测试部位

(二)依据所学知识解答下列问题

问题1.OBD II-16的含义是什么?

_____

_____

_____

_____

问题2.汽车测试插头一般设置在车身的8个地方,它们分别是哪些?

_____

_____

_____

_____

问题3.简述连接发动机综合分析仪和读取故障码的工作流程。

_____

_____

_____

_____

（三）使用发动机综合分析仪读取故障码，完成操作记录

步骤	图示及记录	步骤	图示及记录
1.进入系统		2.选择车型	
3.选择功能		4.读取故障码	

续表

步骤	图示及记录	步骤	图示及记录
5.排除故障		6.清除故障码	
7.再次读取故障码		8.整理现场	

【学习评价】

学习评价表

评价项目	评价标准	学生自评（优、良、中、差）	小组互评（点赞数）	老师评估（是否达成目标）
知识评价	1.能准确描述发动机综合分析仪组件的名称、作用 2.能叙述连接发动机综合分析仪与汽车的方法及注意事项			
能力评价	1.能通过查阅使用说明书等获取发动机综合分析仪的使用方法和如何读取汽车故障码相关资料 2.能正确连接发动机综合分析仪并读取故障码			

续表

评价项目	评价标准	学生自评 （优、良、中、差）	小组互评 （点赞数）	老师评估 （是否达成目标）
素质评价	1.自主进行"8S"管理 2.具有团队协作精神 3.学习态度认真			
学习体会				

【反思与拓展】

一、问题反思

1.清除故障码的方法有：

(1)＿＿＿＿＿＿＿＿＿＿＿＿＿＿＿＿＿＿＿＿＿＿＿＿＿＿＿＿＿＿＿＿

(2)＿＿＿＿＿＿＿＿＿＿＿＿＿＿＿＿＿＿＿＿＿＿＿＿＿＿＿＿＿＿＿＿

(3)＿＿＿＿＿＿＿＿＿＿＿＿＿＿＿＿＿＿＿＿＿＿＿＿＿＿＿＿＿＿＿＿

你认为较为实用的方法是：＿＿＿＿＿＿＿＿＿＿＿＿＿＿＿＿＿＿＿＿

2.用发动机综合分析仪检测发动机故障时，注意事项是：

二、知识拓展

1.通过查阅相关资料了解发动机综合分析仪的功能，分析其优缺点。

2.除了发动机综合分析仪，发动机故障诊断的常用工具还有哪些？

任务二　发动机电控系统各元件的认知及其功能分析

【任务描述】

发动机电控系统主要由传感器、电子控制单元（Electronic Control Unit，ECU）、执行器组成。核心部件是电子控制单元，其功能是给各传感器提供参考（基准）电压，接收传感器或其他装置输入的电信号，并对所接收的信号进行存储、计算和分析处理，然后向执行元件发出指令。因此当传感器出现故障时，异常信号会被发送到控制单元从而报错，发动机工况就会受到影响，此时就需要对故障进行检修。

【学习重点】

1. 能简述电控系统的组成及控制原理。
2. 能识别电控系统各元件的结构及安装位置。
3. 能叙述电控系统各元件的功能和工作原理。

【建议学时】

6学时。

【学习地点】

一体化工作站。

【学习准备】

别克君威汽车维修手册、FSA740发动机综合分析仪及其使用说明书、教学整车、发动机试验台架、汽车维修常用工量具、多媒体教学设备。

【学习过程】

一、相关知识

为解决安全、污染和节能三大问题，现代汽车发动机均采用电控技术。使用该技术可使发动机在各种运行工况下，都能获得最佳的喷油量，提高发动机的经济性和降低排污量。

电控发动机传感器用于将发动机的各种参数转换为电信号，并传输给发动机控制系统。这些参数包括空气流量、进气温度、发动机转速、曲轴位置、凸轮轴位置、节气门位置等。

常见的电控发动机传感器包括空气流量传感器、进气压力传感器、氧传感器、爆震传感器、冷却液温度传感器等。根据发动机型号不同、车辆具体配置不同,这些传感器的数量和位置也有所不同。这些传感器在发动机工作过程中不断采集相关信息,并将这些信息反馈给发动机控制系统,控制系统根据这些信息控制燃油喷射、点火时刻等,以使汽车达到最佳工作状态。

二、任务实施

（一）查阅相关资料完成下列题目

1. 燃油喷射系统最初用在＿＿＿＿＿＿发动机上。
2. 德国＿＿＿＿＿＿公司率先开发出电子控制的汽油喷射装置D-Jetronic。
3. 汽车发动机采用电控技术主要是为了解决＿＿＿＿、＿＿＿＿和＿＿＿＿。
4. 随着汽车数量的与日俱增,汽车排放物对大气的污染日趋严重,为此各国相继出台了汽车污染物排放标准,限制＿＿＿＿、＿＿＿＿和＿＿＿＿等有害物质的排放。
5. K-Jetronic机械式汽油喷射系统和KE-Jetronic机电结合式汽油喷射系统被淘汰的原因是＿＿＿＿＿＿＿＿＿＿＿＿＿＿＿＿＿＿＿＿＿＿＿＿＿＿＿＿＿＿＿＿＿。

（二）完成电控系统组件和功能的连线

传感器 （信号输入装置）	采集控制系统的信号,并转换成电信号输送给ECU
ECU （电子控制单元）	执行某项控制功能
执行器	给各传感器提供参考电压等,接收传感器的信号,将其进行存储、计算和分析处理后发出指令

（三）参考图片完成下表

小组合作在整车或发动机台架上找出以下各部件，向组员介绍它们的类型和安装位置并填写下表。

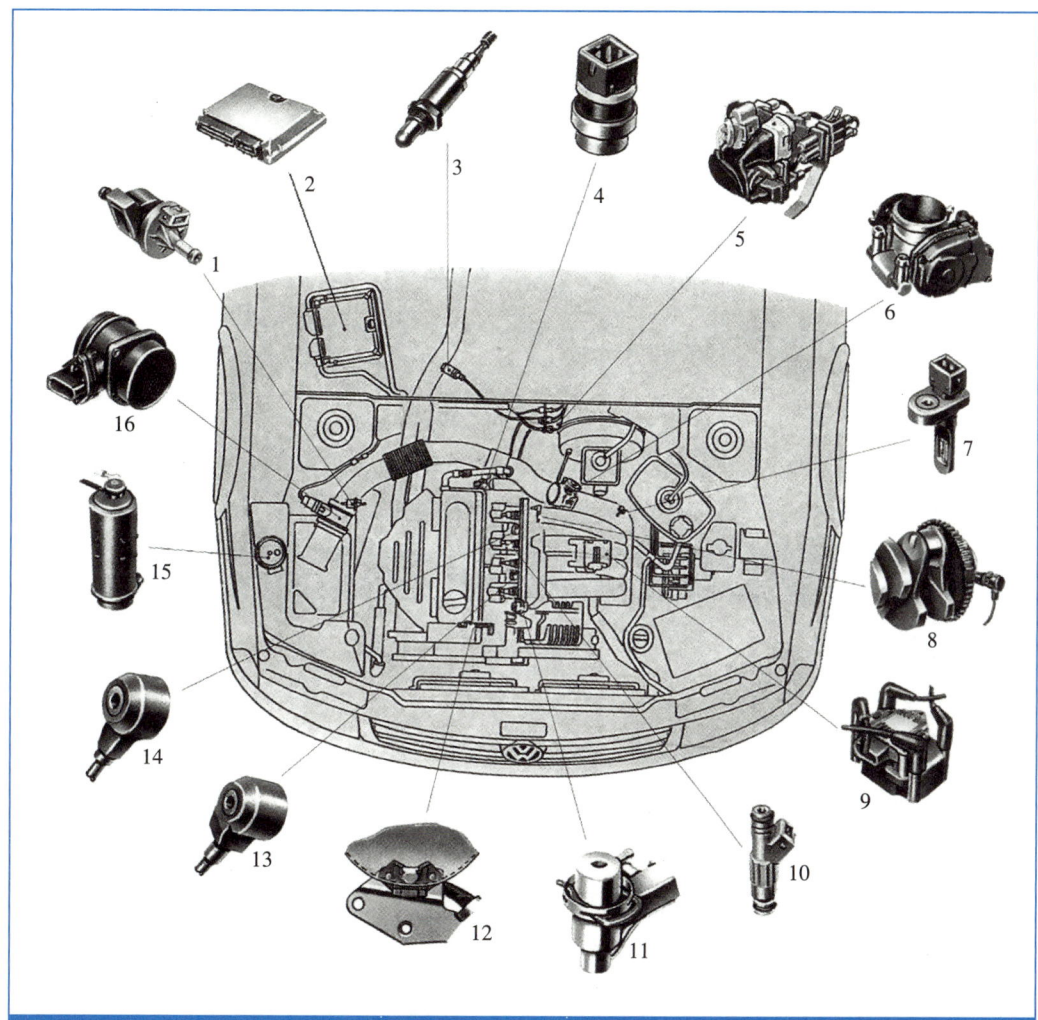

名称	类型	安装位置
1. 活性炭罐电磁阀		
2.		
3. 氧传感器	传感器	安装在排气总管上
4. 冷却液温度传感器		
5. 传感器插头支架		
6.		

续表

名称	类型	安装位置
7. 进气温度传感器		
8.		
9.		
10. 喷油器	执行器	进气歧管末端
11. 燃油压力调节器		
12. 凸轮轴位置传感器		
13. 爆震传感器		
14.		
15. 活性炭罐		
16.		

（四）从选项中选择部件的功能填写到相应的表格中

外形	名称	功能
	空气流量计	
	进气绝对压力传感器	
	节气门位置传感器	
	凸轮轴位置传感器	
	曲轴位置传感器	
	进气温度传感器	

续表

外形	名称	功能
	冷却液温度传感器	
	车速传感器	
	氧传感器	
	爆震传感器	
	空调开关	
	挡位开关	
	启动开关	

选项：

1.检测曲轴转角位移，给ECU提供发动机转速信号和曲轴转角信号，用以确定每个气缸的燃油喷射和点火正时(主信号)。

2.提供曲轴转角基准位置信号，在发动机启动以及曲轴转角不正常时，确定点火正时(主信号)。

3.检测进气温度信号(修正信号)。

4.测量进气管内气体的绝对压力，检测进气质量，将信号输入ECU(主信号)。

5.测量发动机的进气量，将信号输入ECU(主信号)。

6.检测节气门的开度及开度变化，在信号输到ECU后，计算出与进气量匹配的喷油量。

续表

外形	名称	功能
7.检测汽油机是否爆燃及其爆燃强度,然后ECU根据信号调整点火提前角。		
8.检测排气中的氧含量,判断混合气的浓度,调节空燃比。		
9.检测汽车行驶速度。		
10.给ECU提供冷却液温度信号(修正信号)。		
11.发动机启动时,给ECU提供一个启动信号。		
12.在自动变速器由空挡挂入其他挡时,向ECU输入信号。		
13.在空调打开,空调压缩机工作,发动机负荷加大时,向ECU输入信号。		

(五)在整车上找到下列传感器,并说明其名称及作用

传感器图示	名称及作用

续表

传感器图示	名称及作用

【学习评价】

学习评价表

评价项目	评价标准	学生自评 （优、良、中、差）	小组互评 （点赞数）	老师评估 （是否达成目标）
知识评价	1.能叙述发动机电控系统的组成及各部件的作用 2.能在发动机上找到各类传感器，并叙述其功能和工作原理			
能力评价	1.能通过查询汽车维修手册和互联网等获得发动机电控系统的相关资料 2.能正确连接汽车与发动机综合分析仪，读取故障码			

续表

评价项目	评价标准	学生自评 （优、良、中、差）	小组互评 （点赞数）	老师评估 （是否达成目标）
素质评价	1.自主进行"8S"管理 2.具有团队协作精神 3.学习态度认真			
学习体会				

【反思与拓展】

一、问题反思

D型与L型电控燃油喷射系统的区别是什么？哪种电控燃油喷射系统在现代汽车中应用较多？为什么？

_____

_____

二、知识拓展

1.传感器能否运用到人们生活的其他方面？有哪些运用的例子？

_____

_____

2.了解汽车上的其他电控系统，说说其与发动机电控系统有什么异同。

_____

_____

任务三　电控发动机空气流量计的检修

教学视频

【任务描述】

本次任务将电控发动机空气流量计作为检修对象，进行故障分析与检测方法讲解。

【学习重点】

1. 能在车上找出并拆检空气流量计。
2. 能正确读取和分析空气流量计的波形图及数据流。
3. 能按照汽车维修手册的要求检修空气流量计。

【建议学时】

8学时。

【学习地点】

一体化工作站。

【学习准备】

别克君威汽车维修手册、FSA740发动机综合分析仪及其使用说明书、教学整车、发动机试验台架、汽车维修常用工量具、多媒体教学设备。

【学习过程】

一、相关知识

波形图和数据流是两种不同的信息表达方式，都可用于汽车发动机传感器故障检测。

波形图是一种可视化的图形表示形式，可以用来描述传感器信号的特性。在电控发动机中，传感器信号的波形图可以反映发动机的运行状态。例如，如果传感器信号的波形图中存在异常波或失真，就表示传感器或发动机可能存在故障，通过与正常工作状态下的波形图进行对比，可以确定故障的具体情况。

数据流则是由传感器采集到的发动机的各种参数（如转速、温度、压力等）组成的实时数据。专业技术人员可以通过专用的诊断设备读取这些数据，了解发动机的工作状态，诊断可能存在的故障。

在电控发动机的故障检测中，波形图和数据流都是常用的手段，但它们的应用范围有所不同。波形图主要用于传感器信号特性的分析，而数据流则主要用于发动机工作参数的实时监测和故障诊断。

二、任务实施

（一）空气流量计的常规检查

1.空气流量计（如图2-3-1所示）是电控系统中重要的传感器，用来提供控制喷油量和点火提前角的主信号。

（1）空气流量计安装于_____之后，_____之前。

图2-3-1 空气流量计

（2）空气流量计的功能：检测发动机进气量，并将进气量信号转换成_____，输入到_____，以供ECU计算并确定喷油时间和点火时间。

（3）进气量信号是ECU计算喷油时间和点火时间的_____信号。

（4）装有空气流量计的电控系统称为_____型电控系统。

（5）空气流量计英文缩写为_____。

2.拆检空气流量计：查阅汽车维修手册，准备工量具，拆检空气流量计，在下表的□内勾选拆检过程中你注意到的事项。

注意事项	完成情况
（1）了解电控系统各主要元件所在位置，以便对其进行保护	□
（2）检查线束上是否有油污、破损，检查插接器的连接是否紧密、牢靠	□

续表

注意事项	完成情况
(3)不能接反蓄电池的极性,禁用外接电源启动发动机,以免电压过高损坏电控系统元件	☐
(4)接通点火开关时,不允许拆开任何12 V电气装置,防止电气装置中的线圈自感作用产生的瞬时电压损坏ECU或传感器	☐
(5)发动机发生故障时,忌盲目拆检,确定机械部分无故障后再检查电控系统	☐
(6)诊断故障时,先根据"故障指示灯"的提示进行相应的检测	☐
(7)检修空气流量计时,应注意分辨空气流量计的类型,再选用相应的检测方法	☐

(二)空气流量计的结构及工作原理

1.热丝式空气流量计:根据图2-3-2的结构图和原理图,补齐结构图内的文字。

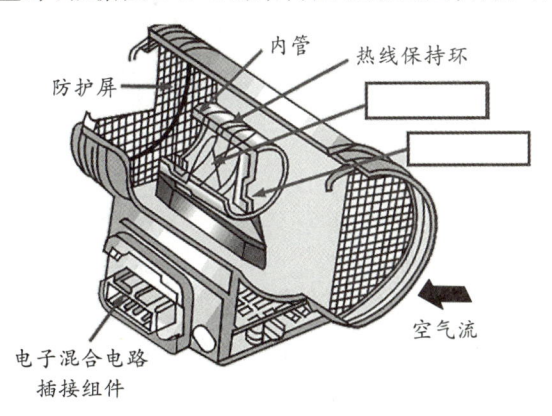

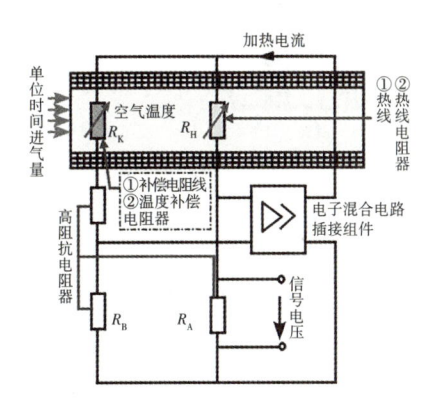

(a)结构图

R_H——热线电阻器(热丝)

R_K——温度补偿电阻器,负温度系数电阻(冷丝)

R_A——精密电阻器,该电阻器上的电压即为传感器的输出信号电压

R_B——电桥电阻器,安装在控制线路板上

(b)原理图

图2-3-2 热丝式空气流量计

2.热膜式空气流量计:根据图2-3-3的实物图和原理图,补齐结构图内的文字。

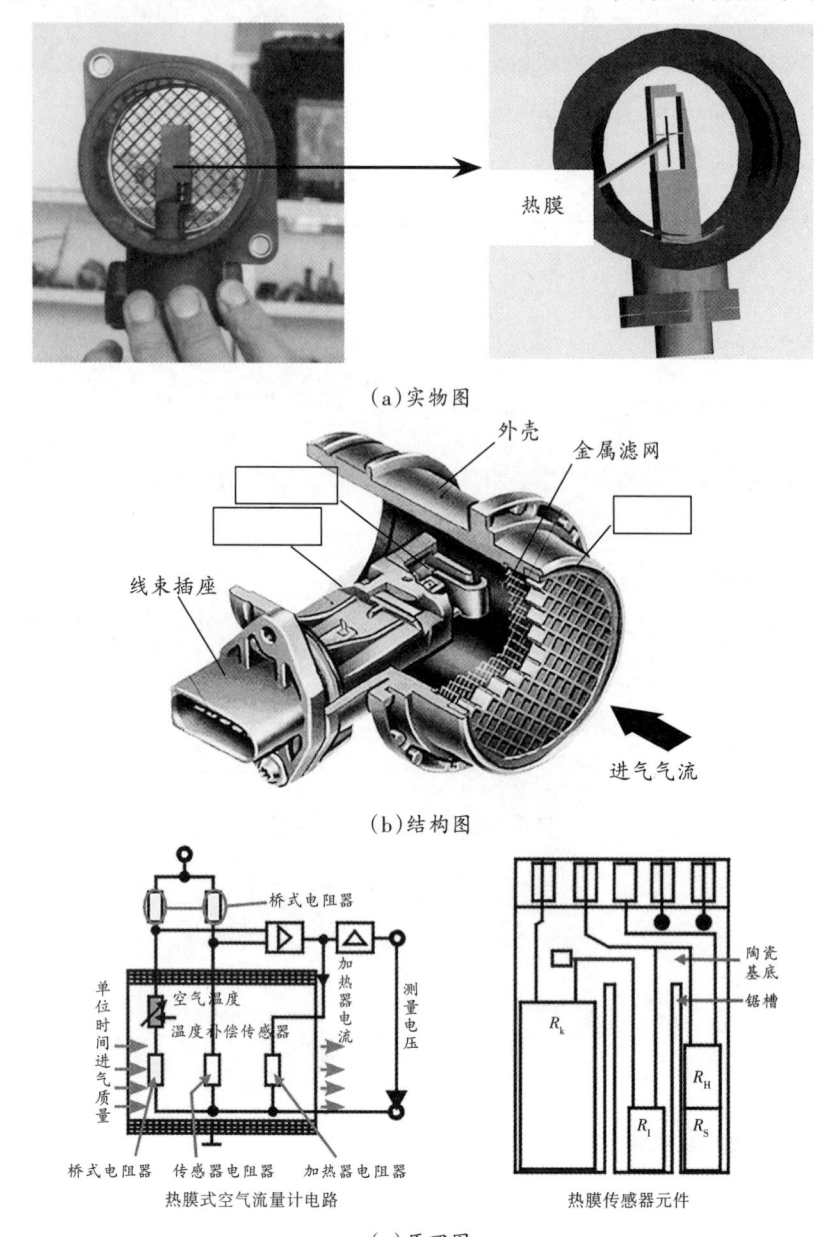

(a)实物图

(b)结构图

(c)原理图

图2-3-3 热膜式空气流量计

热膜式空气流量计是热丝式空气流量计的改进产品,其发热元件为平面形铂金属膜电阻器。铂金属材料可增加发热体的稳定性,提高空气流量计的工作可靠性,且无须通过加热清洁电路,因此热膜式空气流量计是当前广泛应用的空气流量传感器。福特车系、大众车系的轿车多数采用热膜式空气流量计。

3.卡门涡流式空气流量计：查阅资料，完成下面任务。

（1）如图2-3-4所示，在进气管道正中间设有一个流线形或三角形的涡流发生器，当空气流经该涡流发生器后，会不断产生一系列不对称却十分规则的空气涡流（卡门涡流）。空气流速变化时，将影响卡门涡流旋涡的频率。

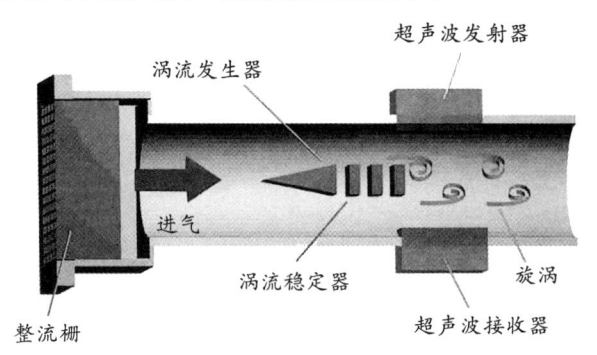

图2-3-4 卡门涡流式空气流量计

（2）通过测量卡门旋涡的_____，就可以求得空气_____；空气流速乘以空气通路面积，就可以得到进气的_____。

（3）检测方法分类：卡门旋涡式空气流量计的检测方法分为超声波检测法和反光镜检测法。

（三）空气流量计的维护和保养

针对不同类型的空气流量计，应选择不同的维护和保养方案，要求主要包括以下几个方面。

1.外观检查：检查壳体是否有虚连、油污、开裂、变形；检查防护网、热丝或热膜有无异常，若有，则应_____空气流量计；检查电插头和线路是否完好，如有松动等，应维修或更换。

2.针对热丝式空气流量计，由于热丝长时间暴露在空气中，空气中的灰尘会附着在热丝上而影响测量精度，因此需要检查其自洁净功能，方法为：关闭点火开关，按图2-3-5所示用万用表的红表笔接流量计插头的"F"接柱，黑表笔接"D"接柱。

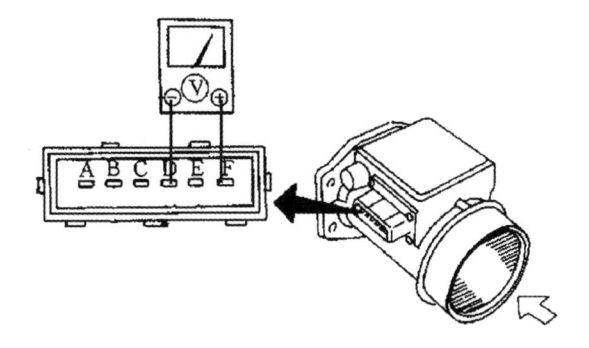

图2-3-5 空气流量计自洁净功能检查接线示意图

注意:针对热丝式空气流量计,易出现的错误做法是在更换空气滤芯时,取出旧滤芯后用压缩空气对空气滤清器总成内部进行吹风除尘除污,但由于滤清器与空气流量计距离较近,空气流量计的热丝易被灰尘污染造成损坏。另外,用压缩空气对热丝式空气流量计吹扫极易将热丝吹断。因此,更换空气滤清器滤芯时不应使用压缩空气除尘,而应用湿布擦除灰尘。

(四)空气流量计的性能测试

查阅汽车维修手册及其他资料,对热膜式空气流量计进行检测,记录检测数据并进行分析。以别克君威轿车的空气流量计为例,插头端子如图2-3-6所示,空气流量计与ECU的连接电路如图2-3-7所示。

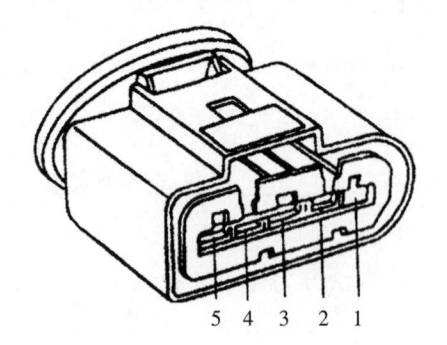

图2-3-6　空气流量计插头端子 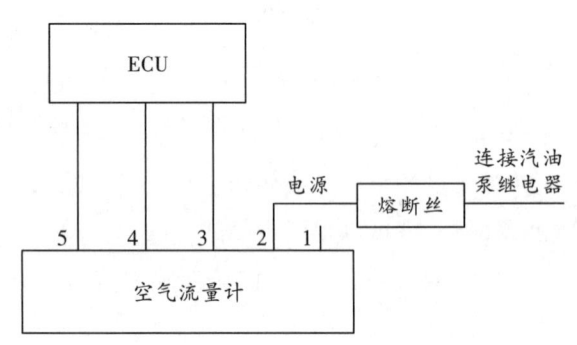　　　图2-3-7　空气流量计与ECU的连接电路

(1)用连线的方法标出空气流量计插头端子代号所对应的含义。

1	电源(12 V)
2	空位
3	空气流量信号线
4	电脑所供电源(5 V)
5	搭铁端

（2）车下检测。

要求	图示
如果需要把线束连接器端子作为测试点，则应拆开线束连接器。 如果必须在线束连接器处于插接状态时测量参数（如传感器输出信号电压），则应先向后脱掉线束连接器上的橡胶防水套，将万用表的表笔以适当角度插入并触及端子，进行检查。	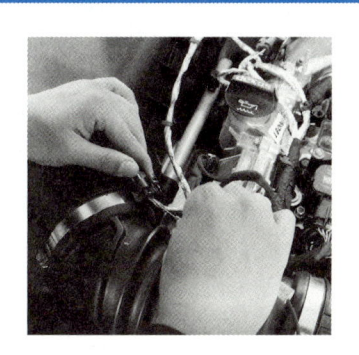
在端子2与搭铁线3之间应加_____V直流电压。 在空气流量计插座端子4与搭铁线3之间应加_____V直流电压。 用电吹风向空气流量计内吹风，同时用万用表直流电压挡测量端子5与搭铁线3之间的电压。改变吹风距离，电压表读数应能平稳缓慢地_____，距离接近时电压_____，离远时电压_____。否则，应更换空气流量计。	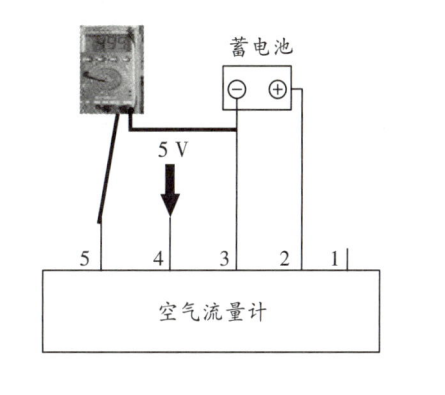

（3）就车检测。

要求	图示
拔下空气流量计上的导线连接器，启动发动机，用万用表直流电压挡测量空气流量计导线连接器端子2与搭铁线间的电压，应大于（□ 11.5　□ 5）V；或者用发光二极管试灯连接空气流量计导线连接器的端子2和发动机搭铁点，试灯应（□ 不亮　□ 亮）。否则，应检查熔断丝、汽油泵继电器及其连接线路是否断路。	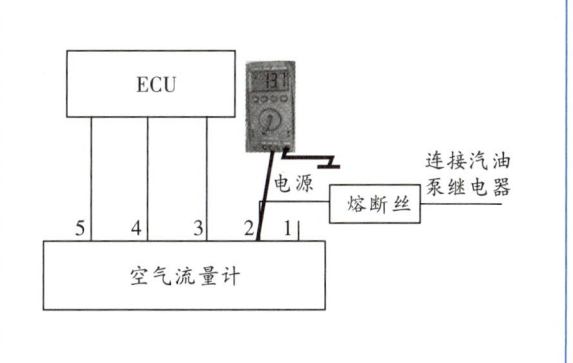

续表

要求	图示
打开点火开关,用万用表测量空气流量计导线连接器端子4与发动机搭铁点间的电压,其值约为(□ 11.5 □ 5)V。否则,应检查连接线路。如果连接线路正常,则更换(□ 空气流量计 □ ECU)。	(电路示意图：ECU、空气流量计、电源、熔断丝、连接汽油泵继电器，端子5 4 3 2 1)

(五)空气流量计波形图和数据流

1. 使用FSA740读取空气流量计波形图

(1)在下表中列明读取空气流量计波形图的操作要点和注意事项。

操作步骤	操作要点	注意事项
1.连接FSA740		
2.功能选择		
3.确认通道		
4.设置参数		
5.保存波形图		
6.与标准值比对		

(2)小组合作确定空气流量计波形图读取流程：

_____

_____

_____。

(3)读取空气流量计波形图应选用的组件是：_____。

(4)画出并分析所读取的空气流量计波形图：

2. 使用FSA740读取空气流量计数据流

（1）在下表中列明读取空气流量计数据流的操作要点和注意事项。

操作步骤	操作要点	注意事项
1. 连接FSA740		
2. 确认车型		
3. 选择功能		
4. 设置参数		
5. 踩下油门踏板并记录数据		
6. 与标准值比对		

（2）小组合作确定空气流量计数据流读取流程：

_____

_____

_____。

（3）读取空气流量计数据流应选用的组件是：_____。

（4）记录并分析所读取的空气流量计数据流：

【学习评价】

学习评价表

评价项目	评价标准	学生自评 （优、良、中、差）	小组互评 （点赞数）	老师评估 （是否达成目标）
知识评价	1. 能叙述空气流量计导线连接器端子针脚的定义 2. 能叙述空气流量计导线连接器各端子的参考电压			

项目二 发动机传感器的检修

续表

评价项目	评价标准	学生自评 （优、良、中、差）	小组互评 （点赞数）	老师评估 （是否达成目标）
能力评价	1.能正确用车下检测法检测空气流量计的性能 2.能通过分析波形图和数据流正确判断空气流量计的性能			
素质评价	1.自主进行"8S"管理 2.具有团队协作精神 3.学习态度认真			
学习体会				

【反思与拓展】

一、问题反思

1.根据空气流量计波形图分析空气流速与输出电压的关系，并说明原因。
_____
_____
_____

2.发动机怠速时与急加速时波形的不同之处有：_____
_____
_____

二、知识拓展

1.根据波形图和数据流分析判断发动机电控系统其他组件的性能。
_____
_____
_____

2.能否将波形图和数据流分析方法运用到其他系统的检测中？
_____
_____
_____

任务四　单元测验

车型：别克君威 2.0T 2018 款

模块竞赛时间：60 分钟

选手参赛号	国家代码	模块	翻译后语言
	CN	D	CN

竞赛说明：按照顺序完成下列作业任务

	作业说明
D1	发动机故障灯亮，使用现场设备进行检测 选手在 D1 部分发现的任何故障必须记录到作业单中
D2	读取故障系统的波形图和数据流，并记录在作业单中 分析所记录的波形图和数据流 排除发动机故障

注意事项及要求：

（1）拆卸零部件前，必须向裁判报告。

（2）如需协助，请向裁判示意。

（3）对零部件、线路等故障进行检测，并将异常数据向裁判展示。

（4）对需要更换或维修的零部件进行检查测量并向裁判展示。

（5）应对裁判恢复的故障进行验证或测量并展示。

报告单

序号	故障内容	更换	维修	备注
1				
2				
3				
4				
5				
6				
……				

续表

分析波形图和数据流：

竞赛评分表

选手参赛号		裁判签字			
竞赛车型		别克君威2.0T 2018款			
任务时长	60分钟	实际用时			

项目	序号	标准描述	分值	是/否完成	得分
安全与规范（15分）	1	正确穿戴劳保用品	2		
	2	保持工作区域干净	2		
	3	车辆安全防护到位	2		
	4	发动机启动前插好尾气排放系统	2		
	5	完成所有任务并将所有工具归位	2		
	6	无不安全操作行为	5		
验证发动机故障灯亮（40分）	1	正确选择仪器	3		
	2	使用仪器仪表前对其进行校准	3		
	3	作业前检查电瓶情况	2		
	4	作业前检查发动机机油情况	2		
	5	作业前检查冷却液情况	2		
	6	作业前检查制动液液位情况	2		

续表

项目	序号	标准描述	分值	是/否完成	得分
	7	作业前检查汽车外观	2		
	8	发现故障灯亮现象	3		
	9	正确连接发动机综合分析仪	3		
	10	正确选用发动机综合分析仪的功能	3		
	11	正确读取故障码	10		
	12	展示并判断故障	5		
检修发动机故障（45分）	1	在车上正确找到故障	3		
	2	查阅维修手册,口述测量标准	3		
	3	正确测量故障零部件	5		
	4	正确判断测量结果	3		
	5	正确连接检测设备	3		
	6	正确选择示波器功能	3		
	7	正确读取并画出波形图,要求画出的波形图与读取的波形图一致	5		
	8	分析波形图	5		
	9	正确读取并记录数据流	5		
	10	分析数据流	5		
	11	排除发动机故障	5		
		总分	100		

项目三　发动机燃油系统的检修

【项目目标】

知识目标

1. 能描述发动机燃油系统、进排气系统的基本组成及其工作原理；
2. 能根据发动机维修手册规范地进行燃油系统、进排气系统的拆检和部件更换，并在规定时间内完成操作及做好相应记录；
3. 能叙述燃油压力的检测步骤与方法；
4. 能描述工量具的用途及其使用方法，并能正确选用。

技能目标

1. 能按照汽车维修手册的要求，检测并判断由于燃油系统、进排气系统引起的发动机不易启动的故障；
2. 能正确查阅汽车维修手册，完成发动机燃油系统压力的检测，分析发动机燃油系统压力异常的原因。

素质目标

1. 养成规范操作意识、安全作业意识、环保意识；
2. 养成良好的清洁习惯和互帮互助的品德。

【项目准备】

常用工具：梅花扳手、套筒扳手、扭力扳手、开口扳手、风动工具、发动机修理包等。

设备：多媒体教学设备、展示板、教学整车、工具车、零件车等。

常用量具：世达工具120件套、万用表、千分尺、塞尺、游标卡尺、油压表等。

专用工具：诊断仪。

油料、材料：机油、润滑脂、清洗液等。

资料：汽车维修手册、维修工单、安全操作规程。

【工作流程】

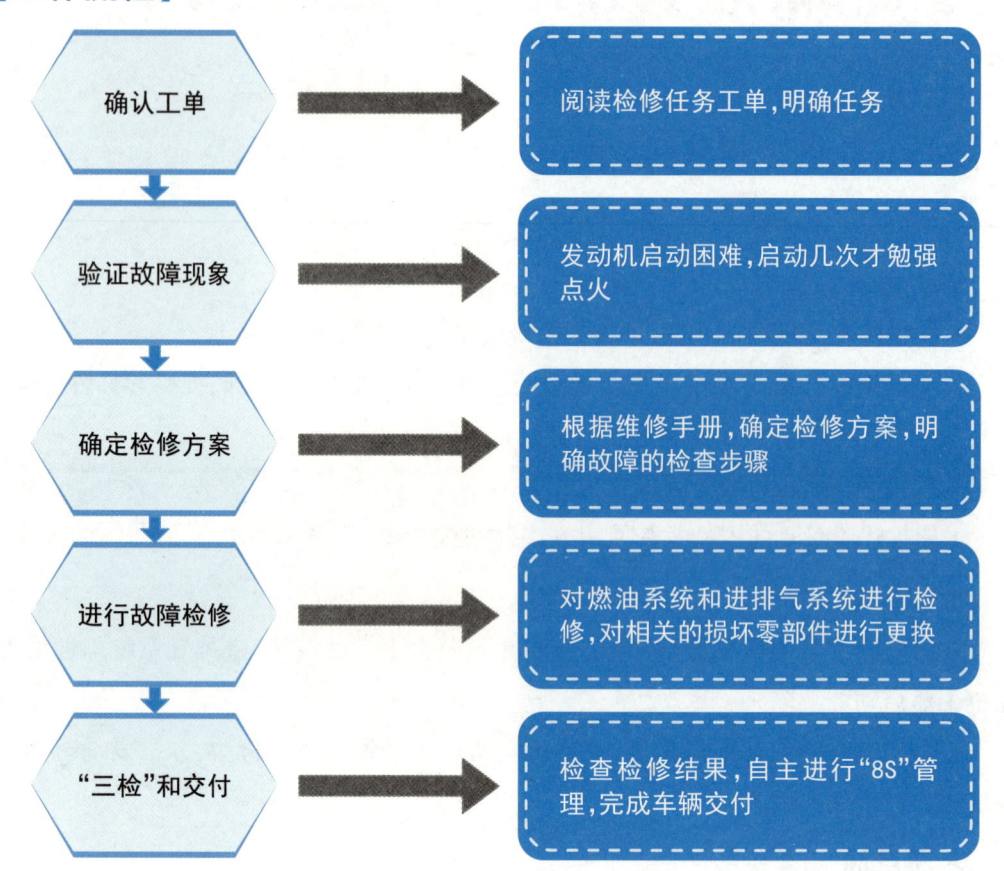

确认工单 → 阅读检修任务工单，明确任务

验证故障现象 → 发动机启动困难，启动几次才勉强点火

确定检修方案 → 根据维修手册，确定检修方案，明确故障的检查步骤

进行故障检修 → 对燃油系统和进排气系统进行检修，对相关的损坏零部件进行更换

"三检"和交付 → 检查检修结果，自主进行"8S"管理，完成车辆交付

任务一 燃油系统结构及工作原理的认知

【任务描述】

根据汽车维修手册的相关要求,认识燃油系统的组成结构,在规定时间内在汽车上找到燃油系统各组成部分的安装位置,并了解其工作原理。

【学习重点】

1. 能描述汽车燃油系统的组成、作用和工作原理。
2. 能正确选择并使用工具及设备。
3. 能规范作业并做好过程记录。
4. 能合理回收废弃物、整理零部件、填写工作单。
5. 能从相关学习资料、资源中检索本次作业所需要的信息,并完成工作单中的任务。

【建议学时】

6学时。

【学习地点】

一体化工作站。

【学习准备】

汽车维修手册、互联网学习资源、教学整车、工具设备、多媒体教学设备。

【学习过程】

一、相关知识

汽油机燃料供给系统的任务是根据发动机各种不同工况的要求,配制出一定数量和浓度的可燃混合气,将混合气供入气缸使之在临近压缩终了时点火燃烧而膨胀做功。汽油机燃料供给系统主要由燃油泵、油箱、燃油滤清器、燃油分配总管、油压调节器、喷油器、节气门、氧传感器等组成。电子控制式燃料供给系统包括燃油供给部分、空气供给部分、电子控制部分,具体组成如图3-1-1所示。

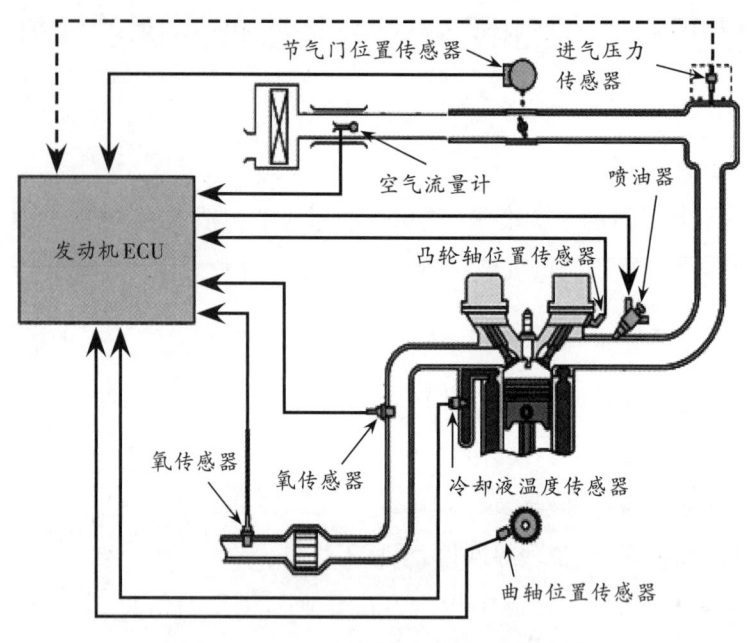

图3-1-1　电子控制式燃料供给系统的组成

二、任务实施

（一）认识发动机燃油系统的组成并进行实物对照

1. 燃油泵(图3-1-2)

安装位置：油箱内(常见)、油箱外。

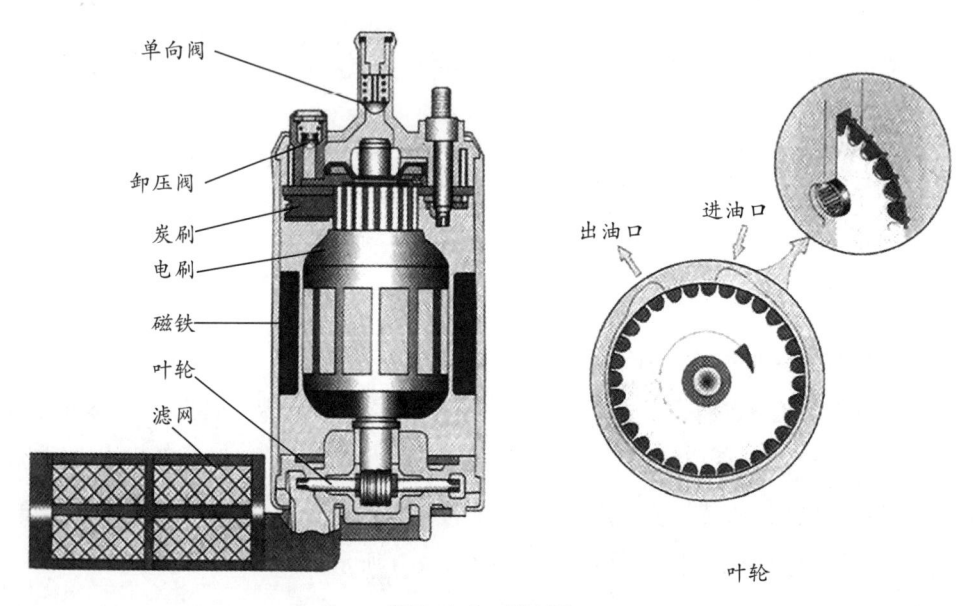

图3-1-2　燃油泵

2.燃油滤清器(图3-1-3)

安装位置:车辆底板下或发动机舱中。

图3-1-3　燃油滤清器

3.燃油分配总管(图3-1-4)

安装位置:气缸体侧面。

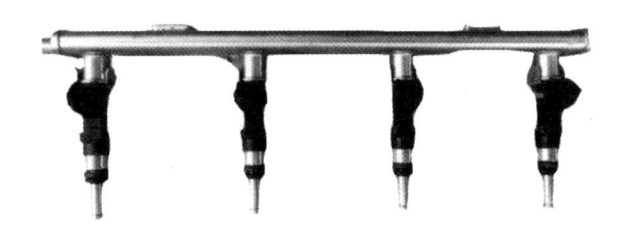

图3-1-4　燃油分配总管

4.燃油压力调节器(图3-1-5)

安装位置:燃油分配总管的一端。

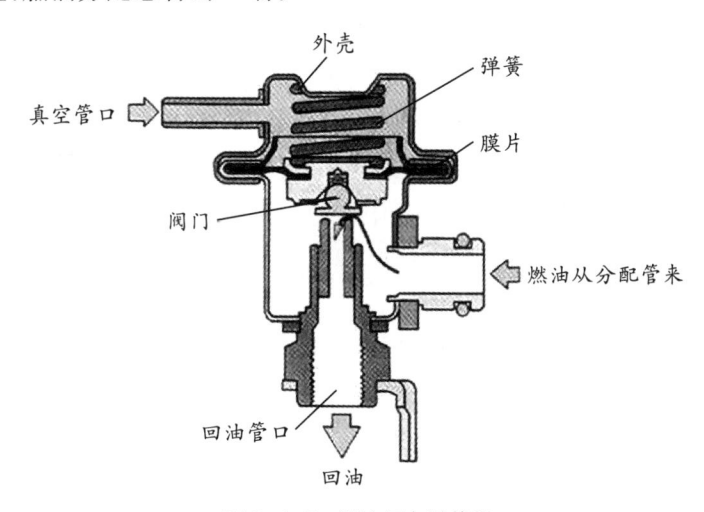

图3-1-5　燃油压力调节器

在实车上找到安装在燃油分配总管上的燃油压力调节器,观察燃油压力调节器管路的连接方式。

5. 喷油器(图3-1-6)

安装位置:在进气管末端靠近进气门的位置。

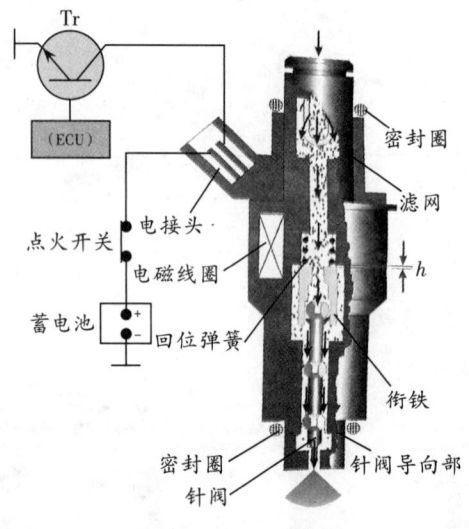

图3-1-6　喷油器

6. 油箱(图3-1-7)

安装位置:一般在汽车后部,但对于发动机后置的汽车往往安装在前面。

图3-1-7　油箱

(二)认识发动机燃油系统的工作原理

查阅相关教材及维修手册,学习发动机燃油系统的工作原理,并进行复述及画出工作流程简图。

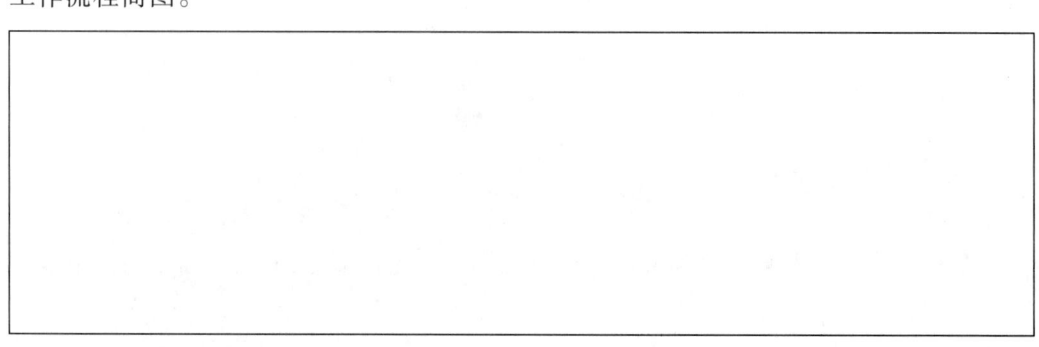

【学习评价】

学习评价表

评价项目	评价标准	学生自评 （优、良、中、差）	小组互评 （点赞数）	老师评估 （是否达成目标）
知识评价	1. 能准确描述燃油系统的组成及作用 2. 能叙述电控燃油系统的优势			
能力评价	1. 能通过查询维修手册和互联网等获得燃油系统相关学习资料 2. 能正确找到燃油系统各部件的安装位置，并知道其作用			
素质评价	1. 自主进行"8S"管理 2. 具有团队协作精神 3. 学习态度认真			
学习体会				

【反思与拓展】

一、问题反思

你是否对发动机燃油系统的工作过程和工作原理很熟悉？把你学到的发动机燃油系统的工作过程和工作原理描述出来。

_____
_____
_____

二、知识拓展

除了电子控制式燃油系统，你还知道哪些类型的燃油系统？

_____
_____
_____

任务二　燃油系统油压的检测

【任务描述】

根据汽车维修手册的相关要求,在规定时间内检测燃油系统油压,并对存在的故障做出正确分析,进而正确判断故障的具体位置。

【学习重点】

1. 能够叙述每种油压的应用意义。
2. 能安全规范地进行油压测试并做好过程记录。
3. 能对油压测试结果进行分析。
4. 能合理回收废弃物、整理零部件、填写工作单。
5. 能对燃油系统油压相关资料进行检索。

【建议学时】

4学时。

【学习地点】

一体化工作站。

【学习准备】

汽车维修手册、互联网学习资源、教学整车、多媒体教学设备、世达工具120件套、油压表、安全操作规程等。

【学习过程】

一、相关知识

燃油系统的主要故障有燃油压力过低、压力过高,喷油器漏油、堵塞或雾化不良等。燃油压力过低将导致车辆怠速时运转不稳、加速不良、回火、行驶无力等。燃油压力过高将导致混合气过稀、车辆油耗增加、排气为黑烟状,甚至车辆无法启动等。

若发动机出现怠速不稳、加速无力、高速行驶无力等,需对燃油系统做相应的油压项目检测。

二、任务实施

查阅相关教材及维修手册,认识燃油泵保险片、燃油泵继电器等部件,并指出其在汽车上的安装位置;学习各类油管的拆卸方法,按以下步骤完成燃油压力检测。

	(1)卸压:首先,拔下燃油泵熔断器、继电器或燃油泵插头;其次,启动发动机,直至发动机自行熄火,再次启动2至3次;最后,拆下蓄电池负极。 注意:发动机经过2至3次启动,当熄火后,就不要再启动。
	(2)安装燃油压力表:首先,将燃油压力表串接在进油管中;其次,将燃油压力表连接到测压口上。 注意:在拆卸油管时要将毛巾或棉布垫在进油管接口下面,以防止燃油漏到地上。安装燃油压力表时,一定要拧紧卡箍。
	(3)检测静态油压、怠速油压、最大油压、剩余油压。数据记录:静态油压:_____kPa;怠速油压:_____kPa;最大油压:_____kPa;剩余油压:_____kPa。 注意:应平视读取燃油压力表上的数据,避免读数有误差。

项目三 发动机燃油系统的检修

【学习评价】

学习评价表

评价项目	评价标准	学生自评 (优、良、中、差)	小组互评 (点赞数)	老师评估 (是否达成目标)
知识评价	1. 能准确描述燃油压力表的作用 2. 能叙述燃油压力表的使用方法及使用注意事项			
能力评价	1. 能通过查询维修手册和互联网等获取汽车燃油压力异常表现资料,并分析原因 2. 能正确连接燃油压力表,并读取燃油压力			
素质评价	1. 自主进行"8S"管理 2. 具有团队协作精神 3. 学习态度认真			
学习体会				

【反思与拓展】

一、问题反思

哪些因素会导致汽车燃油压力异常？结合实际情况分析原因。

二、知识拓展

分析缸内直喷发动机和缸外喷射发动机在燃油压力上有哪些不同之处？

任务三　燃油系统各部件的拆检

【任务描述】

根据汽车维修手册的相关要求,在规定时间内拆检燃油系统相关部件,包括燃油滤清器、喷油器、燃油泵及其控制电路等,对有故障的部件进行故障分析,并对其进行维修或更换。

【学习重点】

1.能规范、安全地拆检与更换燃油滤清器、喷油器、燃油泵及其控制电路等燃油系统主要部件。

2.能正确选择并使用工具及设备。

3.能合理回收废弃物、整理零部件、填写工作单。

4.能从相关资料、资源中检索完成本次任务所需要的信息,并填写工作单。

【建议学时】

8学时。

【学习地点】

一体化工作站。

【学习准备】

汽车维修手册、互联网学习资源、教学整车、多媒体教学设备、万用表、世达工具120件套、机油、润滑脂等。

【学习过程】

一、相关知识

燃油系统故障是发生率较高的汽车故障。当汽车发生故障时,需要通过目视检查、仪器诊断来判断故障是否由燃油系统工况不良引起,一旦确定燃油系统工况不正常,便需要进一步对燃油系统各部件及其控制电路进行检查,在找到故障部位后对其进行维修或更换。

二、任务实施

（一）拆检燃油泵

根据维修手册的标准，按照以下操作步骤对燃油泵进行拆检。

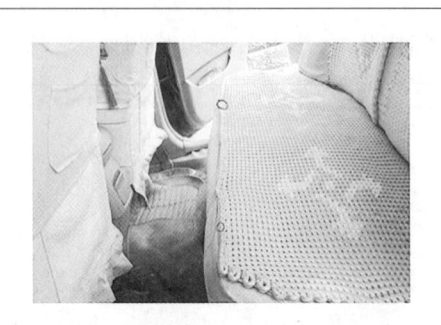	(1)拆卸汽车后排座椅。 注意：拆卸时不要损坏卡扣。
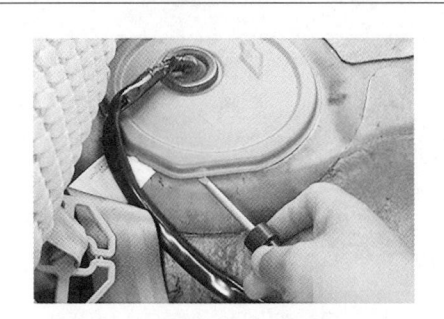	(2)拆卸后检修孔盖。 注意：要轻轻地将其撬起，不能用力太大，因为其下连着线束。
	(3)拆下连接线束及油管，然后用专用工具拆卸燃油泵。 注意：取下进出油管时会有少量燃油溢出，应及时处理。
	(4)取下燃油泵，并对其进行检测。 注意：取出后不要用力扳动浮子，否则会影响其精确度。

(二)拆检喷油器

按以下步骤拆检喷油器,并查阅相关教材及维修手册,根据得到的喷油器的测量标准值,判断喷油器是否能继续使用。

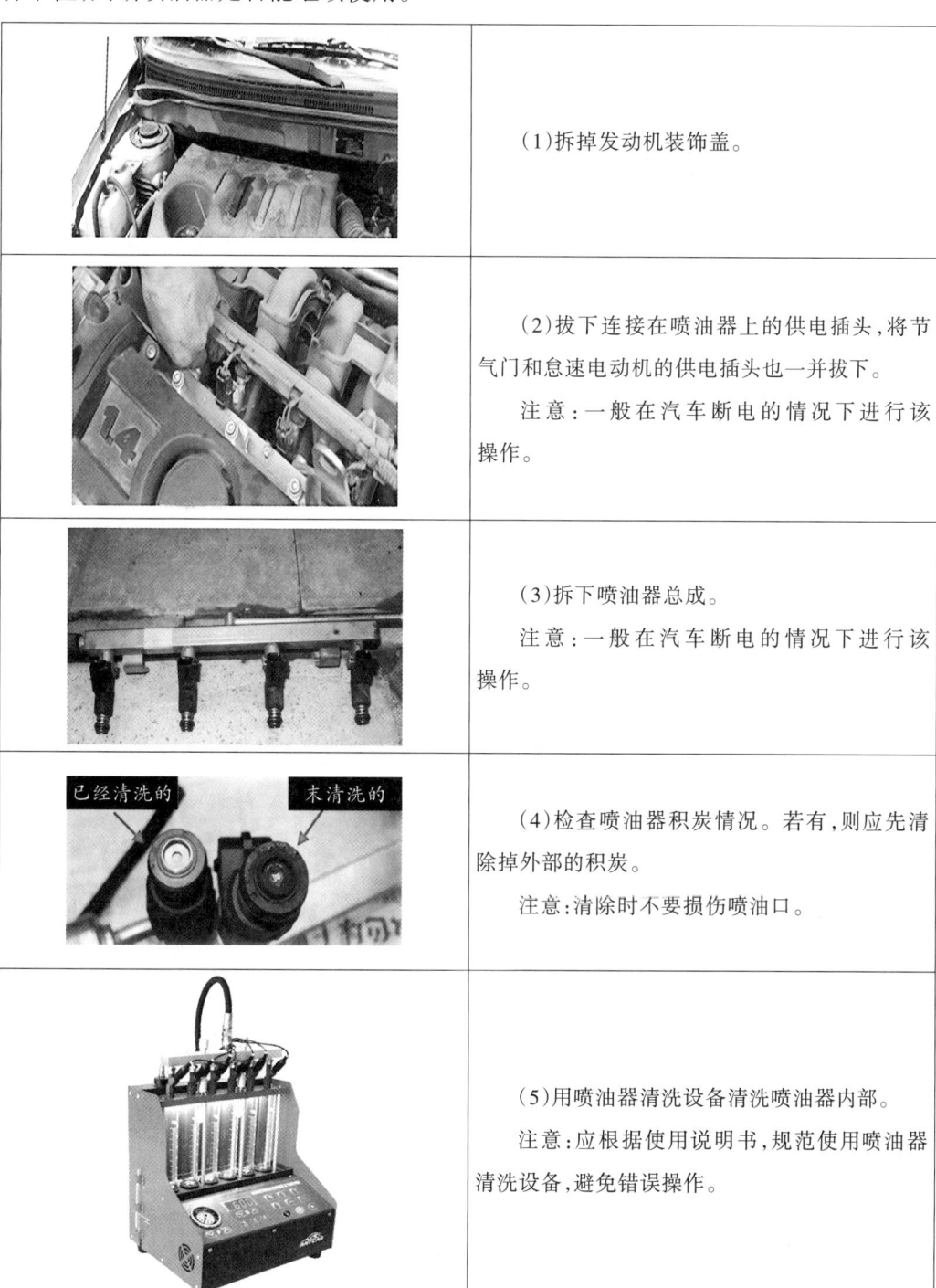

	(1)拆掉发动机装饰盖。
	(2)拔下连接在喷油器上的供电插头,将节气门和怠速电动机的供电插头也一并拔下。 注意:一般在汽车断电的情况下进行该操作。
	(3)拆下喷油器总成。 注意:一般在汽车断电的情况下进行该操作。
	(4)检查喷油器积炭情况。若有,则应先清除掉外部的积炭。 注意:清除时不要损伤喷油口。
	(5)用喷油器清洗设备清洗喷油器内部。 注意:应根据使用说明书,规范使用喷油器清洗设备,避免错误操作。

(三)拆检燃油滤清器

燃油滤清器的安装位置有:发动机舱内、油箱内、汽车底盘三种情况。其中安装在汽车底盘的车系较多,这里我们主要以安装在底盘上的滤清器为例进行学习。

按以下步骤拆检燃油滤清器,并查阅相关维修手册,根据其中规定的燃油滤清器的测量标准值,判断燃油滤清器是否能继续使用。

	(1)给燃油管道泄压,拔掉燃油泵保险或继电器。
	(2)启动发动机,让发动机自然运行到停机,泄掉燃油管路内压力。 注意:发动机停机后,不能反复连续启动。
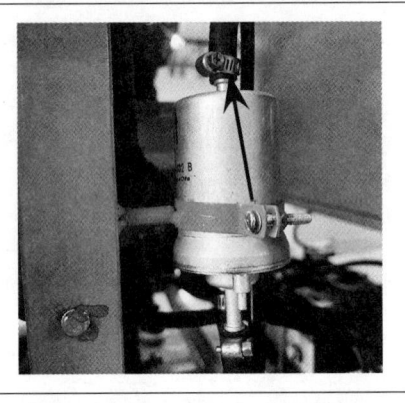	(3)松掉燃油管卡箍,拔出燃油管,取下燃油滤清器。 注意:在取下燃油滤清器时,管道和滤清器内部还有部分残留燃油,对此需要谨慎处理。例如,用接油盆接残余的燃油,然后用棉布裹住管道的端口,防止燃油滴漏在地上。
	(4)检查燃油滤清器有无异响、裂纹及外观变形等情况。 一般而言,汽车行驶_____km需更换一次燃油滤清器。 注意:在选用新的燃油滤清器时,要仔细查看合格标志,对不达标的滤清器不予使用。

【学习评价】

学习评价表

评价项目	评价标准	学生自评 （优、良、中、差）	小组互评 （点赞数）	老师评估 （是否达成目标）
知识评价	1.能准确描述燃油滤清器的作用及更换时间 2.能叙述燃油泵的拆装要求及注意事项			
能力评价	1.能通过查询维修手册和互联网等获取燃油滤清器相关知识 2.能正确更换喷油器，并能使用清洗设备进行清洗			
素质评价	1.自主进行"8S"管理 2.具有团队协作精神 3.学习态度认真			
学习体会				

【反思与拓展】

一、问题反思

喷油器有哪些常见故障？安装燃油滤清器时应该注意哪些事项？

_____
_____
_____

二、知识拓展

汽油机燃油泵和柴油机燃油泵相比，有哪些不同？

_____
_____
_____

任务四　进排气系统各部件的拆检

【任务描述】

根据汽车维修手册的相关要求,能够认识进排气系统各部件并了解其主要功能;能对进排气系统中有故障的零部件进行检查,判断出故障原因,并能正确使用工具对其维修或更换。

【学习重点】

1. 能查阅维修手册,说明发动机进排气系统的结构和工作原理。
2. 知晓检查进排气系统所使用的工量具的名称及使用方法。
3. 能正确选择并使用工具及设备。
4. 能规范地完成作业过程,并做好过程记录。
5. 能合理回收废弃物、整理零部件、填写工作单。

【建议学时】

12学时。

【学习地点】

一体化工作站。

【学习准备】

气枪、空气压缩机、扭力扳手、世达工具120件套、实训车或实训台架、汽车维修手册等。

【学习过程】

一、相关知识

进排气系统的工作过程是:发动机工作时,该系统根据发动机各缸的工作循环和工作顺序适时地开启和关闭进、排气门,使足量的纯净空气或可燃混合气及时进入气缸,并及时将废气安全地排入空气中。

进排气系统工作状况的好坏直接影响发动机的工作性能,例如,进气歧管与气缸盖的接口处翘曲变形,将导致系统的密封性变差,多余的空气进入气缸,使得可燃混合气浓度变低,直接影响发动机的动力性、经济性等。因此,如果发动机工作性能变差,可进行进排气系统的检修。

二、任务实施

（一）拆检空气滤清器

根据汽车维修手册的标准，按照以下操作步骤对空气滤清器进行拆检。

	（1）在汽车上找到空气滤清器。不同车型的空气滤清器安装位置有所不同，大多数都安装在发动机附近，具体可以参考汽车维修手册。
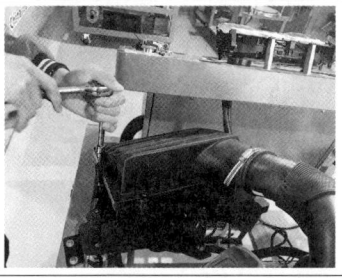	（2）拆下空气滤清器盖，取出空气滤清器滤芯并对进气管路进行除污。 注意：除污时应防止灰尘等进入发动机进气管道内。
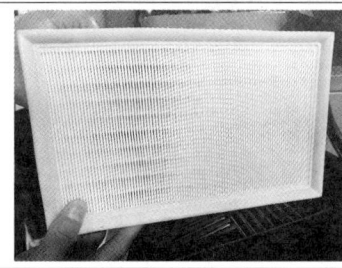	（3）检查空气滤清器有无损坏。若无损坏，则在清理干净滤清器滤芯和壳体后将其装回；若损坏则进行更换。 注意：清理滤清器上的杂质时，气枪应从出风面往进风面送风。

（二）拆检节气门

根据汽车维修手册的标准，按照以下操作步骤对节气门进行拆检。

	（1）断开节气门线束插接器，断开进气软管。 注意：在拆卸时不要损坏进气软管卡箍。
	（2）拆下节气门上的螺栓（大多数节气门有三颗螺栓），然后拆卸节气门。 注意：拆卸后不要让异物进入进气总管。

续表

图	说明
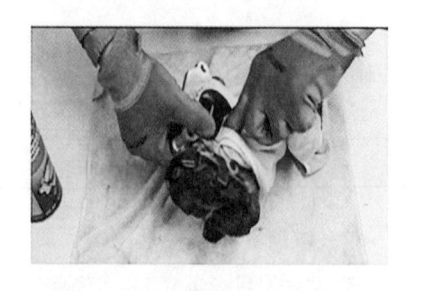	(3)检查节气门上是否有积炭,若有,则进行清洗。清洗节气门的方法为:准备一条干净的毛巾、节气门清洗剂,用它们擦拭节气门,直到将积炭清理完毕。同时需检测节气门有无卡滞情况。 注意:清洗节气门时不能损坏节气门翻板,清洗剂不能流进怠速电机。
	(4)清洗结束后安装好节气门。 注意:安装前先检查有无异物进入进气总管,再按照要求的扭力拧紧螺栓,将线束插接器安装稳固。

(三)拆检进气歧管

根据汽车维修手册的标准,按照以下操作步骤对进气歧管进行拆检。

图	说明
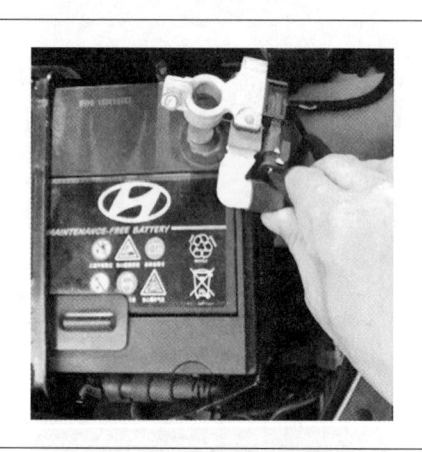	(1)将车子熄火并断开蓄电池负极接线柱。
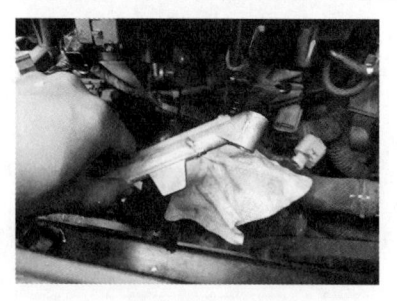	(2)打开发动机装饰盖,将电子节气门、喷油器、压力传感器、进气温度传感器及其他线束等拆卸下来。 注意:拆卸后,对所有易损零部件进行妥善放置,以防止损坏。

	（3）把固定进气管的卡箍卸下，将气管移开，然后拆卸进气歧管总成上的螺丝。 注意：拆卸后，要避免异物进入进气门。
	（4）将进气歧管总成取出，检测进气歧管内积炭情况，若有则清理；检测进气歧管有无破裂、老化、变形等情况，若有则需要更换。

（四）拆检排气管

根据汽车维修手册的标准，按照以下操作步骤对排气管进行拆检。

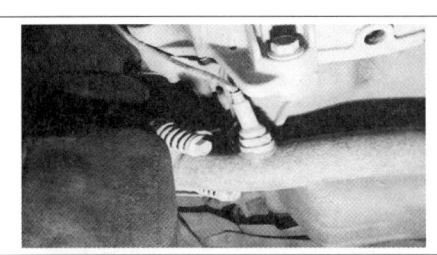	（1）拆卸氧传感器。 注意：需将前氧传感器和后氧传感器一并拆除，拆除后应妥善放置，避免损伤。
	（2）从三元催化器上拆卸前排气管螺母和垫片。 注意：拆卸过程中避免损坏三元催化器。
	（3）拆卸排气管前端支架。 注意：拆卸时不要将零部件掉落在地上。

续表

图	说明
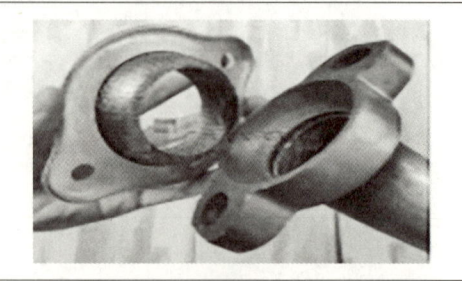	（4）将前排气管从前排气管法兰与第三消声器法兰连接处的橡胶提升架上拆下。 注意：拆卸时应防止法兰掉在地上摔坏。
	（5）清洗前排气管法兰和排气歧管密封面。 注意：因前排气管和垫片靠近气缸体，工作温度比较高，所以应在冷机状态下检测、拆卸，避免烫伤。
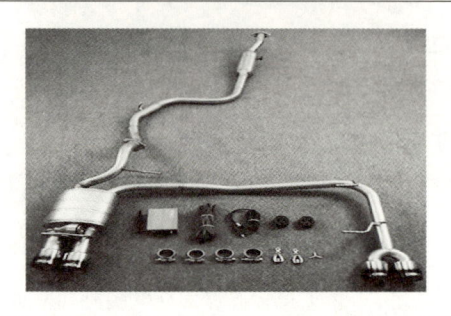	（6）检查前排气管和三元催化器是否正常；检查前排气管和催化转化器是否正常；检查消声器是否损坏、有裂缝，并导致排气泄漏或消声效果差。 注意：检查三元催化器时不要损坏芯体。

【学习评价】

学习评价表

评价项目	评价标准	学生自评 （优、良、中、差）	小组互评 （点赞数）	老师评估 （是否达成目标）
知识评价	1.能准确描述进排气系统的组件名称、作用 2.能叙述进排气系统各组件的拆检注意事项			
能力评价	1.能通过汽车维修手册和互联网等查阅进排气系统检修的相关资料 2.能正确理解进排气系统各部件的工作要求			
素质评价	1.自主进行"8S"管理 2.具有团队协作精神 3.学习态度认真			

续表

评价项目	评价标准	学生自评 (优、良、中、差)	小组互评 (点赞数)	老师评估 (是否达成目标)
学习体会				

【反思与拓展】

一、问题反思

1. 什么是废气涡轮增压系统，对它进行拆卸检查时应注意哪些事项？

_____
_____
_____

2. 废气再循环阀的作用是什么？

_____
_____
_____

3. 什么是炭罐电磁阀，它安装在汽车的哪个位置，它的工作原理是什么？

_____
_____
_____

二、知识拓展

为什么进气歧管要设计成图3-4-1的形状？进气歧管和排气歧管有什么不同？

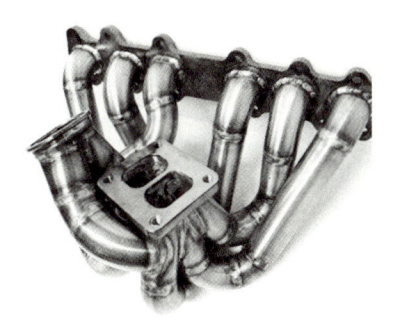

_____
_____
_____

图3-4-1 进气歧管

任务五　燃油系统总成的维修

【任务描述】

根据汽车维修手册的相关要求,在规定时间内对本项目中燃油系统检修的重要环节进行展示,指导老师根据技能大赛评分标准对相应模块的展示情况做出评价。

【学习重点】

1.能说明拆装燃油系统的工量具及仪器设备的名称、用途及其使用方法,并正确使用。

2.能根据汽车维修手册的要求,在规定时间内与组员共同完成燃油系统拆卸。

3.能根据汽车维修手册的要求,在规定时间内与组员共同完成燃油系统各零部件的清洗。

4.能按照汽车维修手册的要求,在规定时间内与组员共同进行燃油系统各零部件的检查和测量,并对相关零部件进行标记,完成测量工作单的填写与数据计算。

5.能对照燃油系统向组员描述其基本构造、功能及工作原理。

【建议学时】

6学时。

【学习地点】

一体化工作站。

【学习准备】

汽车维修手册、互联网学习资源、教学车辆、举升机、工具设备、多媒体教学设备、展示板等。

【学习过程】

一、复习本项目中前四个任务的学习内容完成以下表格

	燃油供给系统各部件名称： 1._____；2._____； 3._____；4._____； 5._____。
	图中是什么检修项目，检修时我们应注意哪些事项？ _____ _____ _____ _____ _____
	图中是什么检修项目，检修过程中有哪些注意事项？ _____ _____ _____ _____ _____
	安装燃油分配管需要注意哪些事项？ _____ _____ _____ _____

二、描述汽车空气滤清器的完整拆装过程

详细描述汽车空气滤清器的完整拆装过程以及拆装过程中需要注意的事项。

_____

_____

_____

_____

_____

_____

三、描述汽车燃油泵的完整拆装过程

详细描述汽车燃油泵的完整拆装过程以及拆装过程中需要注意的事项。

_____

_____

_____

_____

_____

_____

【学习评价】

学习评价表

评价项目	评价标准	学生自评 （优、良、中、差）	小组互评 （点赞数）	老师评估 （是否达成目标）
知识评价	1.能准确描述燃油系统总成的组件名称、作用 2.能叙述燃油系统总成各组件的拆装注意事项			
能力评价	1.能通过汽车维修手册和互联网等途径查阅燃油系统总成检修相关知识 2.能规范地进行燃油系统总成的检修			
素质评价	1.自主进行"8S"管理 2.具有团队协作精神 3.学习态度认真			
学习体会				

【反思与拓展】

传统燃油汽车采用机械泵泵油方式，这种方式下如何进行泄压？泄压过程中应注意哪些事项？

_____
_____
_____
_____
_____

任务六　单元测验

车型：别克君威 2.0T 2018 款

模块竞赛时间：60 分钟

选手参赛号	国家代码	模块	翻译后语言
	CN	D	CN

竞赛说明：按照顺序完成以下各项工作

	作业说明
D1	按照报告单的要求，对发动机燃油系统压力进行检测
D2	按照报告单的要求，对发动机燃油系统各部件进行检测
D3	检修燃油泵故障，在排除故障之前，要向裁判报告所发现的故障
D4	检修燃油滤清器故障，在排除故障之前，要向裁判报告所发现的故障
D5	检修喷油器故障，在排除故障之前，要向裁判报告所发现的故障
D6	检修燃油压力调节器故障，在排除故障之前，要向裁判报告所发现的故障

注意事项及要求：

（1）报告发现的故障后再维修，这样才能有次序地进行作业；由裁判做出维修决定后才开始作业，否则不得分。

（2）发现故障后一定要在电路图上指出，并说明其功用。

（3）应把故障以"元件+脚号+原因"或"元件原因"或"线路原因"的形式记录。

（4）应对裁判恢复的故障进行验证或测量并展示。

报告单

序号	故障内容	更换	维修	备注
1				
2				
3				
4				
5				
6				
……				

竞赛评分表

选手参赛号		裁判签字			
竞赛车型		别克君威2.0T 2018款			
任务时长	60分钟	实际用时			

项目	序号	标准描述	分值	是/否完成	得分
安全与规范（10分）	1	正确穿戴劳保用品	2		
	2	保持工作区域干净	2		
	3	车辆安全防护到位	2		
	4	启动发动机前插好废气抽排管	1		
	5	完成所有任务并将所有工具归位	1		
	6	无不安全操作行为	2		
燃油供给系统压力检测（10分）	1	拔下燃油泵保险丝或继电器进行卸压	1		
	2	启动发动机，直至发动机自行熄火后，再次启动2—3次	2		
	3	拆下蓄电池负极	2		
	4	安装燃油压力表：拆卸燃油管，将燃油压力表串接在进油管中（对于带测压口的车辆，将燃油压力表连接到测压口上）。在拆卸油管时要将一块毛巾或棉布垫在油管接口下，防止燃油泄漏在地上	2		
	5	一般而言，对全回油系统需检测静态油压（打开点火开关时的油压，一般为280 kPa）、怠速油压（约250 kPa）、最大油压（约750 kPa）、调节油压（约300 kPa）和残余油压（约150 kPa）；对半回油系统只需检测静态油压、怠速油压及残余油压（约3 MPa）	3		
燃油泵故障检修（20分）	1	准备好拆燃油泵的工具，将车辆置于室内水平地面上，将点火开关置于OFF位置，拉好驻车制动	2		
	2	把汽车后排座位的座椅拆卸下来	2		
	3	用工具慢慢地拆卸检修孔盖	2		
	4	将蓄电池负极电缆线断开，拔下油管并用保鲜膜包住，以防进入杂物，并记住其原始安装位置	3		
	5	清理燃油泵总成上的污垢（如果有很多污垢，可以用抹布擦洗干净）	2		
	6	断开燃油泵线束，用头部缠有保护胶带的旋具拧两个卡爪，拆下1号吸油管支架；断开燃油泵滤清器软管，向下取出燃油泵，把燃油泵放置在洁净的零件盘中	3		
	7	用手按压下端锁止扣，拆下燃油泵密封垫圈	2		
	8	对燃油泵进行检测，根据检测结果决定对其维修或更换	2		

续表

项目	序号	标准描述	分值	是/否完成	得分
	9	根据维修手册的要求对燃油泵进行安装	2		
燃油滤清器故障检修（20分）	1	在断开燃油管路前释放燃油系统中的压力	2		
	2	找到燃油滤清器的安装位置之后，将滤清器从安装支架上拔下来	2		
	3	将接油杯放在油管下方，并用钳子拆掉滤清器两边的一次性管箍	3		
	4	将燃油滤清器的进油口的油管拔下，此时管内的燃油会溢出来，需要将其引入杯子中	3		
	5	当油的流量变小后，套上管箍并尽快把新的滤清器的进油口接上	2		
	6	将新的滤清器的另一端接口暂时堵上。安装滤清器时，要分清进油口和出油口，同时也要将旧滤清器的进油口堵上	3		
	7	将旧滤清器的另一端拔下，接入新滤清器，并用钳子夹紧管箍，防止漏油	3		
	8	将换好的燃油滤清器安装回原位	2		
喷油器故障检修（20分）	1	拆掉发动机护罩	2		
	2	卸下进气管，注意不要损坏卡箍	2		
	3	拔下4个喷油器的供电插头（按下接口上的卡子就可以拔下），注意不可用蛮力。节气门和怠速电动机的供电插头也应一并拔下	3		
	4	拧开喷油器总成的左、右螺栓	2		
	5	将总成拆卸下来便可取出喷油器	2		
	6	检查喷油器是否有积炭，若有应清洗	2		
	7	使用专用清洗工具清洗喷油器	2		
	8	清洗喷油器至具有良好的雾化状态。若个别喷油器经过清洗仍无法恢复性能（雾化不好、滴油或渗漏），则更换该喷油器	3		
	9	清洗完成后按与拆卸相反的步骤安装喷油器	2		
燃油压力调节器故障检修（20分）	1	断开燃油管路前释放燃油系统中的压力	2		
	2	拆卸左侧喷油器电子连接器，然后拆卸燃油压力调节器的连接器	3		
	3	拆卸油位传感器线束和软管，拆卸喷射泵进口软管并移开	3		
	4	在拆卸燃油压力调节器之前，需要用溶剂清洗整个燃油压力调节器	3		
	5	拆卸调节器，将干净抹布放在燃油调压孔上方，吸收多余的燃油	3		
	6	进行检测，根据检测结果决定维修或更换调节器	3		
	7	安装调节器	3		
总分			100		

项目四　发动机点火系统的检修

【项目目标】

知识目标

1. 能描述点火系统的组成及其工作原理；
2. 能叙述点火系统拆检的步骤与相关操作要点；
3. 能识别点火系统的故障并分析原因。

技能目标

1. 能正确使用工具对点火系统进行拆检；
2. 能通过互联网等途径进行点火系统相关知识的学习。

素质目标

1. 养成规范操作意识、安全作业意识、环保意识；
2. 养成良好的清洁习惯和互帮互助的品德。

【项目准备】

常用工具：梅花扳手、套筒扳手、扭力扳手、开口扳手等。

设备：多媒体教学设备、教学车辆、工具车等。

常用量具：万用表。

专用工具：火花塞套筒、诊断仪等。

油料、材料：润滑脂、清洗液等。

资料：汽车维修手册、维修工单、安全操作规程。

【工作流程】

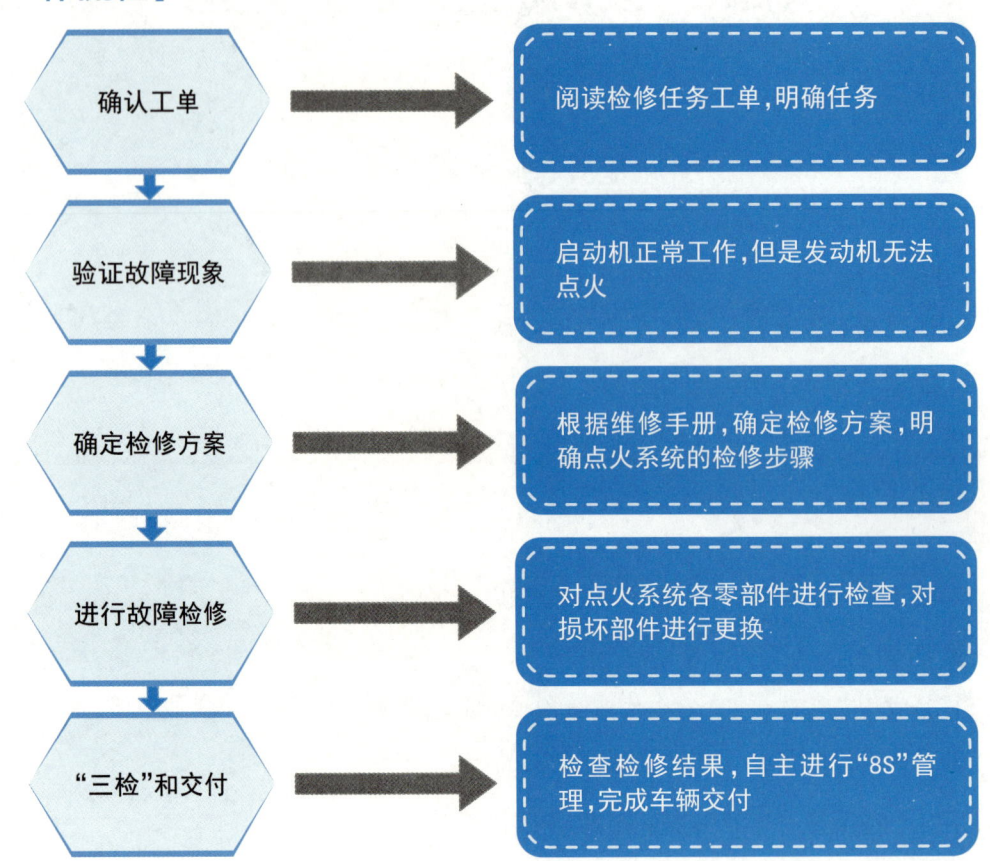

确认工单	阅读检修任务工单,明确任务
验证故障现象	启动机正常工作,但是发动机无法点火
确定检修方案	根据维修手册,确定检修方案,明确点火系统的检修步骤
进行故障检修	对点火系统各零部件进行检查,对损坏部件进行更换
"三检"和交付	检查检修结果,自主进行"8S"管理,完成车辆交付

任务一　点火系统及点火控制原理的认知

【任务描述】

学习点火系统相关知识，掌握不同种类点火系统的组成及其工作原理。

【学习重点】

1. 熟悉点火系统各个部件的名称及作用。
2. 能正确选择并使用检测工具和设备。
3. 熟悉点火系统工作原理。
4. 能查阅点火系统相关资料，绘制点火系统控制原理示意图。

【建议学时】

8学时。

【学习地点】

一体化工作站。

【学习准备】

互联网学习资源、教学整车、多媒体教学设备、工量具。

【学习过程】

一、相关知识

（一）点火系统的组成

传统点火系统主要由电源（蓄电池、发电机）、点火开关、点火线圈、分电器、火花塞以及高压导线等组成。

（二）点火系统的工作原理（以传统点火系统为例）

传统点火系统的工作原理是将汽车电源供给的低压电转变为高压电，并按发动机的做功顺序和点火时间要求，将高压电配送至各缸的火花塞，在火花塞间隙处产生足够强的电火花，点燃气缸内的可燃混合气，从而使气体燃烧产生巨大推力推动活塞运动。

二、任务实施

(一)写出传统点火系统的具体工作过程(结合图4-1-1)

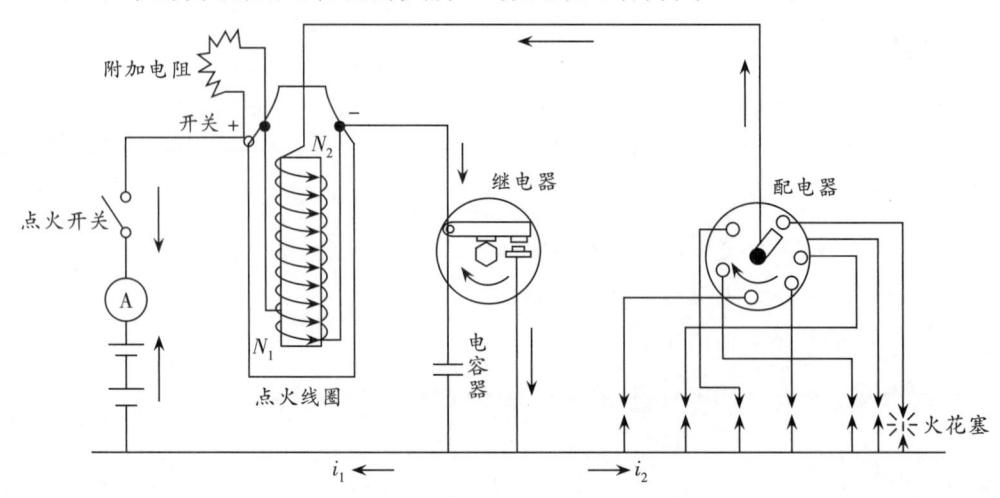

图4-1-1 传统点火系统的工作原理

凸轮旋转,交替将触点闭合和打开。在点火开关接通的情况下,触点闭合时,低压电流的回路是:蓄电池正极→电流表→_____→附加电阻→_____→_____→搭铁回到蓄电池负极。

在点火开关接通的情况下,触点打开时,高压电流的回路是:次级点火线圈→_____→_____→搭铁→_____→_____→次级点火线圈。

(二)微机控制点火系统的组成(查阅资料,完成下面填空)

微机控制点火系统一般由电源、_____、_____、_____、点火线圈、电子控制器和火花塞等组成。

(三)微机控制点火系统工作原理(查阅资料,完成下面填空)

微机控制点火系统的工作原理:发动机工作时,控制单元根据接收到的_____信号,按存储器中的相关程序和数据,确定出_____,并以此向_____发出指令。点火器根据指令控制点火线圈初级电路的_____。当电路导通时,有电流从点火线圈中的_____通过,点火线圈将点火能量以_____的形式储存起来。当初级电路被切断时,次级线圈中产生很高的_____,经分电器或直接送至_____。

【学习评价】

学习评价表

评价项目	评价标准	学生自评 （优、良、中、差）	小组互评 （点赞数）	老师评估 （是否达成目标）
知识评价	1. 知道点火系统各个部件的名称及作用 2. 能叙述点火系统的工作原理			
能力评价	能正确绘制点火系统控制原理图			
素质评价	1. 自主进行"8S"管理 2. 具有团队协作精神 3. 学习态度认真			
学习体会				

【反思与拓展】

一、问题反思

简述传统点火系统的组成以及工作原理。

_____
_____
_____

二、知识拓展

传统点火系统和微机控制点火系统有什么区别？

_____
_____
_____

任务二　有分电器微机控制电子点火系统的认知

【任务描述】

掌握微机控制电子点火系统的组成,认识各个传感器及其传递的信号。

【学习重点】

1.能通过情景模拟,对照汽车发动机介绍有分电器微机控制电子点火系统的类型、组成、功能及基本工作原理。

2.能通过学习相关资料等,完成工作单的填写。

3.能绘制点火系统控制原理示意图。

【建议学时】

6学时。

【学习地点】

一体化工作站。

【学习准备】

互联网学习资源、教学整车、多媒体教学设备。

【学习过程】

一、相关知识

因汽车生产厂家、生产年代不同,有分电器微机控制点火系统在设计和结构上都有所不同,但基本结构是大同小异的,主要由传感器、电子控制器、分电器、点火器、点火线圈等组成。

1.传感器

传感器是监测发动机各种工况信息的装置,其具有收集和发送相关信号的功能。点火系统的主要传感器有:曲轴位置传感器、空气流量计(绝对压力传感器)、冷却液温度传感器、节气门位置传感器、车速传感器等。

2.电子控制器(电子控制单元ECU)

电子控制器的作用是根据发动机各传感器的输入信号及内存数据,进行运算、处理、判断,然后输出指令(信号),控制执行器的动作,达到快速、准确控制发动机工作的目的。

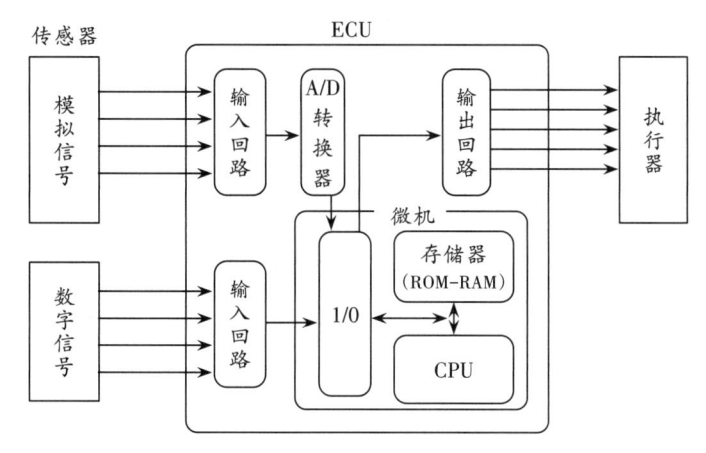

图 4-2-1 电子控制器的基本构成

从图 4-2-1 可知,电子控制器的基本构成主要包括输入回路、输出回路、存储器、A/D 转换器以及电源电路、备用电路等。

3. 分电器

分电器由断电器、配电器、电容器和点火提前调节装置等组成。断电器的作用是控制点火线圈初级电路的通、断,以便在次级电路中感应出高压电。它由断电器凸轮、串联在点火线圈初级线圈电路中的断电器触点和断电器活动触点臂组成。断电器凸轮的凸角数与发动机的气缸数相等,这样可以保证发动机的各个气缸在一个工作循环中各点火一次。断电器凸轮由发动机凸轮轴驱动,并以相同的转速旋转。当断电器凸轮旋转时,凸轮的凸角不断地顶断电器活动触点臂,使触点不停地开、闭,控制点火线圈初级电路的通、断和点火系统的工作。因此,断电器相当于由断电器凸轮控制的开关。

4. 点火器

点火器的作用是根据电子控制器输出的指令(信号),通过内部大功率管的导通与断开,控制初级电流的通断进而完成点火工作。有些点火器还具有恒流控制、闭合角控制、气缸判别、点火监视等功能。

5. 点火线圈

点火线圈主要由初级线圈与次级线圈等零部件组成,能将车上低电压变成高电压。点火线圈有与普通变压器相同的结构,但工作方式与普通变压器不一样,普通变压器是连续工作的,而点火线圈则是断续工作的,它根据发动机的不同转速以不同的频率反复进行储能及放能。

当初级线圈接通电源时,其四周会产生一个很强的磁场,铁芯会储存磁场能;当开关装置使初级线圈电路断开时,初级线圈的磁场迅速衰减,次级线圈就会感应出很高的电压。初级线圈的磁场消失速度越快,电路断开瞬间的电流越大,在两个线圈的匝比越大的情况下,次级线圈感应出来的电压越高。

二、任务实施

(一)有分电器微机控制电子点火系统的组成

观察教学用车并结合图4-2-2写出编号所对应的元件。通过情景模拟,对照发动机向组员介绍发动机点火系统的基本组成。

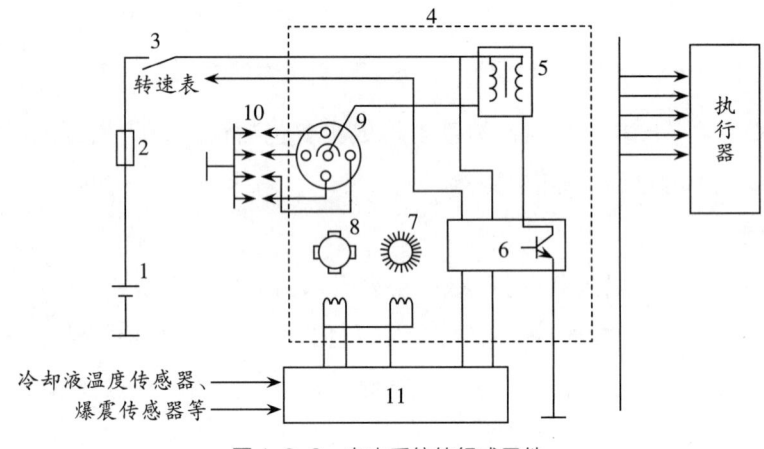

图4-2-2 电火系统的组成元件

1.蓄电池;2.保险丝;3.点火开关;4.(　　　　);5.(　　　　);6.(　　　　);7.转速传感器;8.(　　　　);9.配电器;10.火花塞;11.(　　　　)。

(二)有分电器微机控制电子点火系统部件的作用

根据教学用车及其维修手册、互联网学习资源等,回答以下问题。

1.空气流量计(图4-2-3)的作用是:_____
_____。它的安装位置在_____
_____。

2.进气压力传感器(图4-2-4)的作用是:_____
_____。它的安装位置在_____
_____。

图4-2-3　空气流量计　　　　图4-2-4　进气压力传感器

3.转速传感器(图4-2-5)的作用是：_____
_____。它的安装位置在_____
_____。

4.凸轮轴位置传感器(图4-2-6)的作用是：_____
_____。它的安装位置在_____
_____。

图4-2-5　转速传感器　　　　图4-2-6　凸轮轴位置传感器

5.节气门位置传感器(图4-2-7)的作用是：_____
_____。它的安装位置在_____
_____。

6.进气温度传感器(图4-2-8)的作用是：_____
_____。它的安装位置在_____
_____。

项目四　发动机点火系统的检修　111

图4-2-7 节气门位置传感器　　　　图4-2-8 进气温度传感器

7.冷却液温度传感器（图4-2-9）的作用是：_____
_____
_____。它的安装位置在_____
_____。

8.爆震传感器（图4-2-10）的作用是：_____
_____
_____。它的安装位置在_____
_____。

图4-2-9 冷却液温度传感器　　　　图4-2-10 爆震传感器

9.氧传感器（图4-2-11）的作用是：_____
_____
_____。它的安装位置在_____
_____。

10.电子控制单元（图4-2-12）的作用是：_____
_____
_____。它的安装位置在_____
_____。

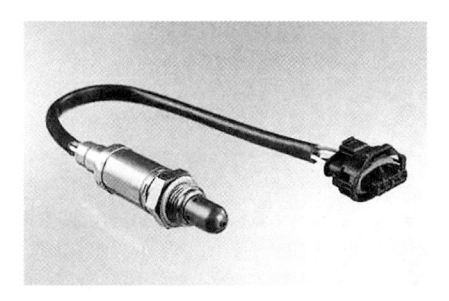

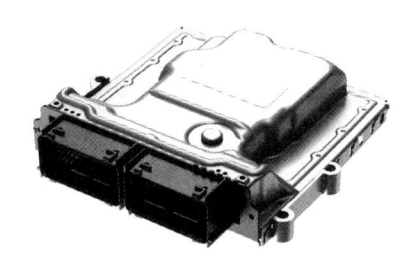

图4-2-11　氧传感器　　　　　　　图4-2-12　电子控制单元

11.点火器的作用是：_____
_____
_____。它的安装位置在_____
_____。

(三)有分电器微机控制电子点火系统点火时刻(提前角)的控制

点火系统的实际点火提前角=初始点火提前角+基本点火提前角+修正点火提前角。根据教学车辆及其维修手册、互联网资源等，回答以下问题。

1.基本点火提前角：怠速时的基本点火提前角比平常行驶时的基本点火提前角_____
_____。

2.修正点火提前角：_____
等传感器是用来修正点火提前角的。

(四)有分电器微机控制电子点火系统的控制电路

根据教学车辆及其维修手册、互联网资源等，回答以下问题。

1.车辆上有_____
_____传感器。

2._____传感器是用来控制基本点火提前角的，其余传感器是用来_____的。

3.根据维修手册，以小组为单位画出有分电器微机控制电子点火系统电路图，进行展示并描述其控制原理。

【学习评价】

学习评价表

评价项目	评价标准	学生自评 (优、良、中、差)	小组互评 (点赞数)	老师评估 (是否达成目标)
知识评价	能准确描述有分电器微机控制电子点火系统的组成部件及作用			
能力评价	能正确绘制有分电器微机控制电子点火系统控制原理图			
素质评价	1.自主进行"8S"管理 2.具有团队协作精神 3.学习态度认真			
学习体会				

【反思与拓展】

一、问题反思

简述有分电器微机控制电子点火系统的主要组成部件及作用。

_____
_____
_____

二、知识拓展

简述有分电器微机控制电子点火系统控制原理。

_____
_____
_____

任务三 有分电器微机控制电子点火系统各部件的拆检

【任务描述】

根据汽车维修手册的相关要求,在规定时间内对有分电器微机控制电子点火系统进行拆检。

【学习重点】

1. 能叙述点火系统拆检的安全操作规程,并在作业过程中严格执行。
2. 能根据要求,在规定时间内规范地对点火系统进行拆卸,并完成拆卸步骤的记录。
3. 能正确选择并使用工量具与仪器对点火系统零部件进行测量、清洗与记录,并判断零部件的工作状态。
4. 能正确回收废旧零部件,填写工作单,完成自检,并向班组汇报维修情况。
5. 能对点火系统相关资料、资源进行检索。

【建议学时】

10学时。

【学习地点】

一体化工作站。

【学习准备】

互联网学习资源、教学车辆、火花塞套筒等工量具、诊断仪、多媒体教学设备。

【学习过程】

一、相关知识

有分电器微机控制电子点火系统的工作原理:ECU根据各输入信号,确定点火时刻,并将点火正时信号IGT送至点火器,当IGT信号变为低电平时,点火线圈断开,次级线圈中感应出高电压,再由分电器将高电压送至相应气缸的火花塞,火花塞点火。

二、任务实施

（一）点火线圈的检修

1.从车辆上拆下点火线圈（图4-3-1和图4-3-2），并将拆卸的步骤写出来：_____
_____
_____，_____。

图4-3-1　点火线圈的安装位置　　　　　图4-3-2　点火线圈的外形

2.查阅汽车维修手册及相关资料，完成对点火线圈功能的描述：点火线圈利用ECU输出的控制信号，将蓄电池的低压直流电转变成_____，以驱动火花塞_____，引燃气缸内的油气混合体。

3.查阅相关资料，描述点火线圈的分类：按冷却方式不同分为_____、_____和_____；按有无附加电阻可分为_____和_____。

4.查阅汽车维修手册及相关资料，识读图4-3-3中的部件并将序号填在括号中。

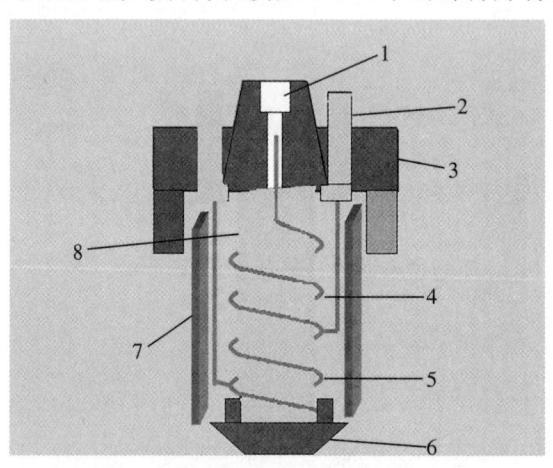

图4-3-3　点火线圈结构图

（　）—高压接线柱；（2）—低压接线柱；（3）—胶木盖；（　）—次级线圈；
（　）—初级线圈；（6）—瓷杯；（7）—钢片；（　）—铁芯

5.通常用万用表测量初级和次级线圈的电阻,如果测出的电阻不在规定范围内,说明点火线圈内部有短路或断路故障。检测一下你拆下的点火线圈并说明性能情况:

初级线圈电阻为:＿＿＿＿＿＿＿＿＿,是否在规定范围内:＿＿＿＿＿＿＿。

次级线圈电阻为:＿＿＿＿＿＿＿＿＿,是否在规定范围内:＿＿＿＿＿＿＿。

点火线圈绝缘盖板与外壳之间的电阻为:＿＿＿＿＿＿＿＿＿,各接线柱和外壳之间的电阻分别为:＿＿＿＿＿＿＿＿＿＿＿＿＿＿＿＿＿＿＿＿。(测量电阻时,要保证点火线圈绝缘盖板洁净、干燥)以上数据说明点火线圈性能为:＿＿＿＿＿＿＿＿＿＿＿＿＿＿。

(二)分电器(图4-3-4)的检修

1.从车上拆下分电器,并将拆卸的步骤写出来:＿＿

2.查阅汽车维修手册及相关资料,完成对分电器功能的描述:分电器是按发动机的＿＿＿＿＿＿＿＿将高压电分配到＿＿＿＿＿＿＿＿。

3.查阅汽车维修手册及相关资料,结合下图,写出分电器由＿＿＿＿＿＿＿＿＿＿＿＿＿＿＿＿＿组成。

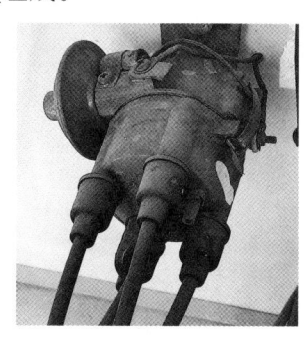

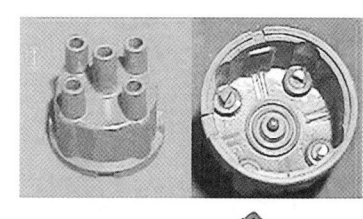

(a)组合图　　(b)分解图

图4-3-4　分电器

小提示: 分电器盖由胶木粉在钢模中热压而成,装于分电器顶端,用两个弹性夹卡固定。分火头套装在分电器轴的顶端随轴一起旋转,其上有金属导电片。分电器盖的中间有高压线座孔,其内装有带弹簧的炭柱,压在分火头的导电片上。分电器盖的四周有与发动机气缸数相等的旁电极通至盖上的金属套座孔,以安插分缸高压线。分火头旋转时,导电片在距离旁电极0.2—0.8 mm的间隙处越过,高电压自导电片跳至与其相对的旁电极,再经分缸高压线送至火花塞。

4.查阅汽车维修手册及相关资料,完成对分电器原理的描述:当分火头正对分电器盖内某一旁电极,高压电便由_____经电刷柱、导电片跳到_____,再经分缸线送至火花塞。

5.请查阅相关资料,完成对分火头的检测:

(1)将分火头取下,放到汽车搭铁部位,导电部分与搭铁接触,将车上的点火高压电用高压线引向分火头座(如图4-3-5所示),进行绝缘检测。如有跳火,说明分火头_____,应予以更换。

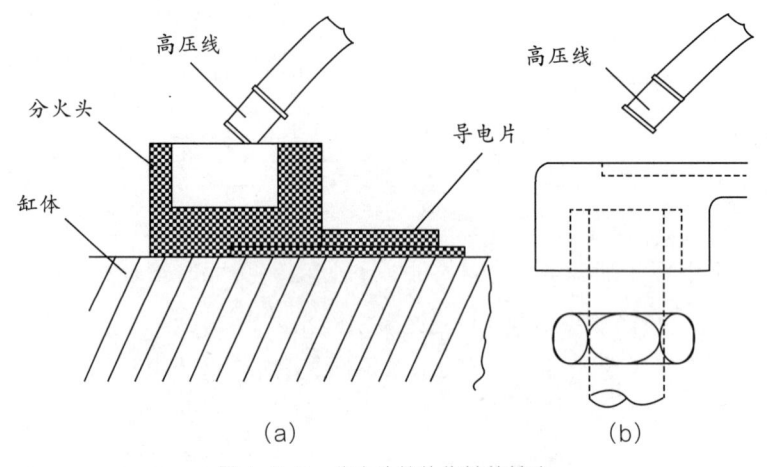

图4-3-5 分火头的绝缘性能检查

(2)如图4-3-6所示,用万用表测量分火头的电阻,阻值为_____。

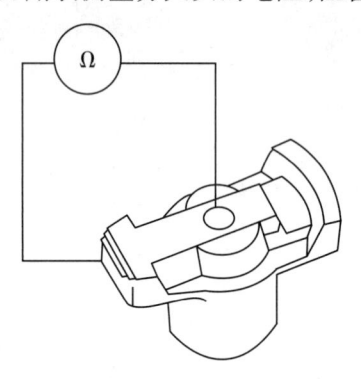

图4-3-6 分火头电阻的测量

(3)检查分电器盖,主要看是否有漏电。如果盖板有裂纹、缺损或导电柱之间有条状纹痕等应予更换。

(三)火花塞的检修

1.从车上拆下火花塞,并将拆卸的步骤写出来:_____
_____。

2.查阅汽车维修手册及相关资料,完成对火花塞功能的描述:将点火线圈产生的高压电引入发动机燃烧室,并在电极之间形成_____,点燃可燃混合气。

3.查阅汽车维修手册及相关资料,结合图4-3-7识读火花塞的组成,并在括号中填写序号。

1—接线螺母;(　　)—绝缘体;(　　)—金属杆;4—钢质壳体;5—电阻填料;(　　)—中心电极;7—紫铜垫圈;8—密封垫圈;(　　)—侧电极

4.查阅汽车维修手册和相关资料,结合图4-3-8描述火花塞的类型。

火花塞按热特性分为_____、_____、_____。现代汽车上用的是_____。

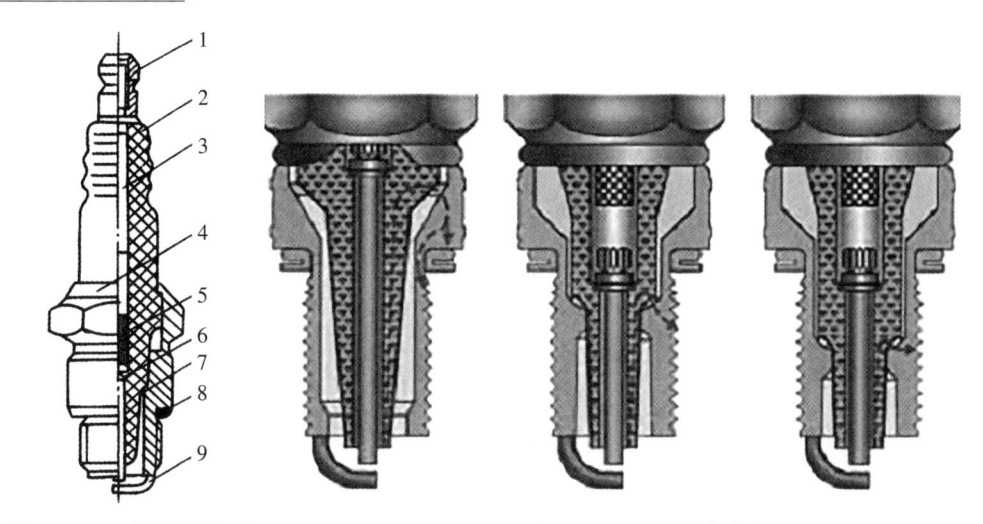

图4-3-7　火花塞的组成　　　　图4-3-8　火花塞的分类

小提示:火花塞的热特性主要取决于绝缘体裙部的长度。绝缘体裙部长的火花塞,受热面积大,传热距离长,散热困难,因此裙部温度高的火花塞,称为热型火花塞。

绝缘体裙部短的火花塞,受热面积小,传热距离短,散热容易,因此裙部温度低的火花塞,称为冷型火花塞。

热型火花塞适用于低速、低压缩比的小功率发动机,冷型火花塞适用于高速、高压缩比的大功率发动机。

火花塞按电极的形状分为:

标准形:其绝缘体裙部略缩入壳体端面,侧电极在壳体端面以外,是使用最广泛的一种,如图4-3-9(a)。

凸出形:绝缘体裙部较长,凸出于壳体端面以外,如图4-3-9(b)。

细电极形:其电极很细,特点是火花强烈,点火能力好,在严寒气候也能保证发动机迅速可靠地启动(图略)。

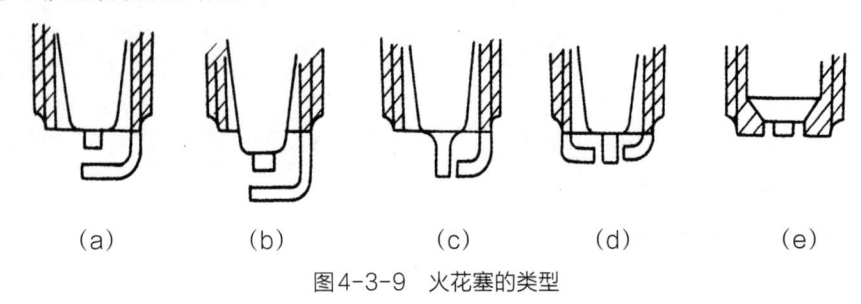

(a) (b) (c) (d) (e)

图4-3-9　火花塞的类型

沿面跳火形:是一种最冷形火花塞,其中心电极与壳体端面之间的间隙是同心的,如图4-3-9(c)。

多极形:侧电极一般为两个或两个以上,优点是点火可靠,间隙不需经常调整,如图4-3-9(d)。

锥座形:其壳体和旋入螺纹一起呈锥形,因此不用垫圈也可保证良好的密封性,如图4-3-9(e)。

5.查阅资料,写出火花塞的电极间隙(中心电极与侧电极之间的间隙),一般的电极间隙为_____mm,现代汽车采用_____mm,可以改善排气质量。电极间隙过小,会造成_____;电极间隙过大,会造成_____。

6.火花塞的自洁温度是_____。

小提示:当火花塞绝缘体裙部温度在500~700 ℃时,落在绝缘体上的油滴会立即燃烧掉,不会形成积炭。低于此温度则会形成积炭,高于此温度将引起早燃回火。

7.对拆下的火花塞进行外部检查,检查内容为_____及_____有无损坏。如有异常,应更换火花塞。

8.检查火花塞电极间隙:如图4-3-10所示,对于新的火花塞,可通过弯曲_____来调整火花塞电极间隙;对于使用过的火花塞,电极间隙不可调整。若火花塞电极间隙不在规定范围内,应_____。

9.测量火花塞绝缘电阻:用兆欧表测量火花塞绝缘电阻(如图4-3-11所示),电阻值应为_____或更大。

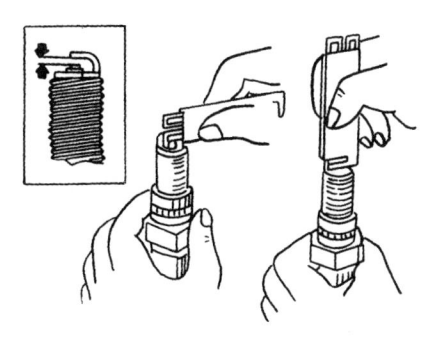

图4-3-10　检查火花塞电极间隙 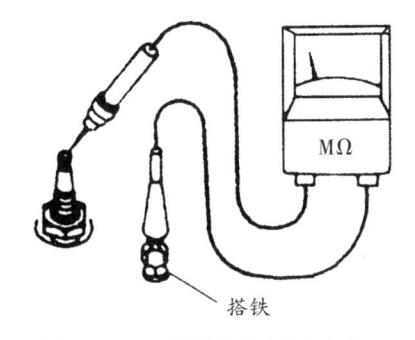　　图4-3-11　测量火花塞绝缘电阻

小提示：1.若火花塞电极有湿炭痕迹，要待其干燥后用火花塞清洁器以低于588 kPa的压力清洗火花塞电极20 s左右。若有机油痕迹，在使用火花塞清洁器之前，先用汽油清除机油。

2.火花塞的拆除：冷车、清洁条件下。

3.火花塞的常见故障：过热、严重积炭、电极严重烧蚀、漏气、绝缘体破裂、侧电极开裂等。

(1)过热：当裙部温度超过900 ℃时，就称为火花塞过热，容易出现炽热点火，发动机工况恶化。

(2)严重积炭：火花塞绝缘体裙部温度过低，混合气过浓，发动机气缸内会积炭，积炭过多会导致火花塞高压降低或缺火。可用直径小于0.15 mm的铜丝刷刷去积炭等污物，不能用金属片刮或用钢丝刷刷。

(3)电极严重烧蚀：电极在工作中会逐渐烧蚀，电极间隙逐渐增大，应适时调整间隙。当电极间隙不能调整时，应更换火花塞。

(4)漏气：当外露的绝缘体上出现明显的黑色条纹时，表明火花塞漏气，应找出原因，采取维护或更换措施。

(四)高压回路部件的检修

用欧姆表测量高压回路部件的电阻，若部件的电阻不在规定范围之内，应更换旧部件，使用新部件。

1.检查火花塞插头电阻(如图4-3-12所示)，其电阻值应为_____kΩ。

2.检查防干扰接头电阻(如图4-3-13所示)，其电阻值应为_____kΩ。

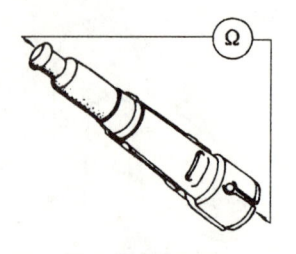

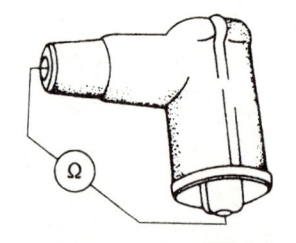

图4-3-12 检查火花塞插头电阻　　　图4-3-13 检查防干扰接头电阻

3.检查高压导线电阻(如图4-3-14所示),中央高压线应为_____Ω、分缸高压线应为_____Ω。

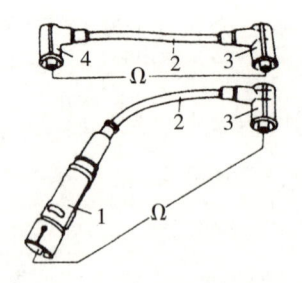

图4-3-14 检查高压导线电阻

高压线有中央高压线和分缸高压线两种,材质一般为耐压绝缘包层的铜芯线或全塑高压阻尼线。常为竖直排列,少有水平布置的,这样布置的优势在于可避免折损、缩短长度、抗高电压、延长寿命。

【学习评价】

学习评价表

评价项目	评价标准	学生自评（优、良、中、差）	小组互评（点赞数）	老师评估（是否达成目标）
知识评价	能准确叙述点火系统各部件拆装的安全操作规程			
能力评价	1.能正确使用工量具与仪器进行零部件的测量,并判断其工作状态 2.能正确对点火系统进行拆卸、检测、清洗、装配,并完成拆装步骤记录			
素质评价	1.自主进行"8S"管理 2.具有团队协作精神 3.学习态度认真			
学习体会				

【反思与拓展】

一、问题反思

简述火花塞的检测步骤与注意事项。

_____

_____

_____

二、知识拓展

简述有分电器微机控制电子点火系统的拆检过程。

_____

_____

_____

附件：

发动机不能启动的检测方法

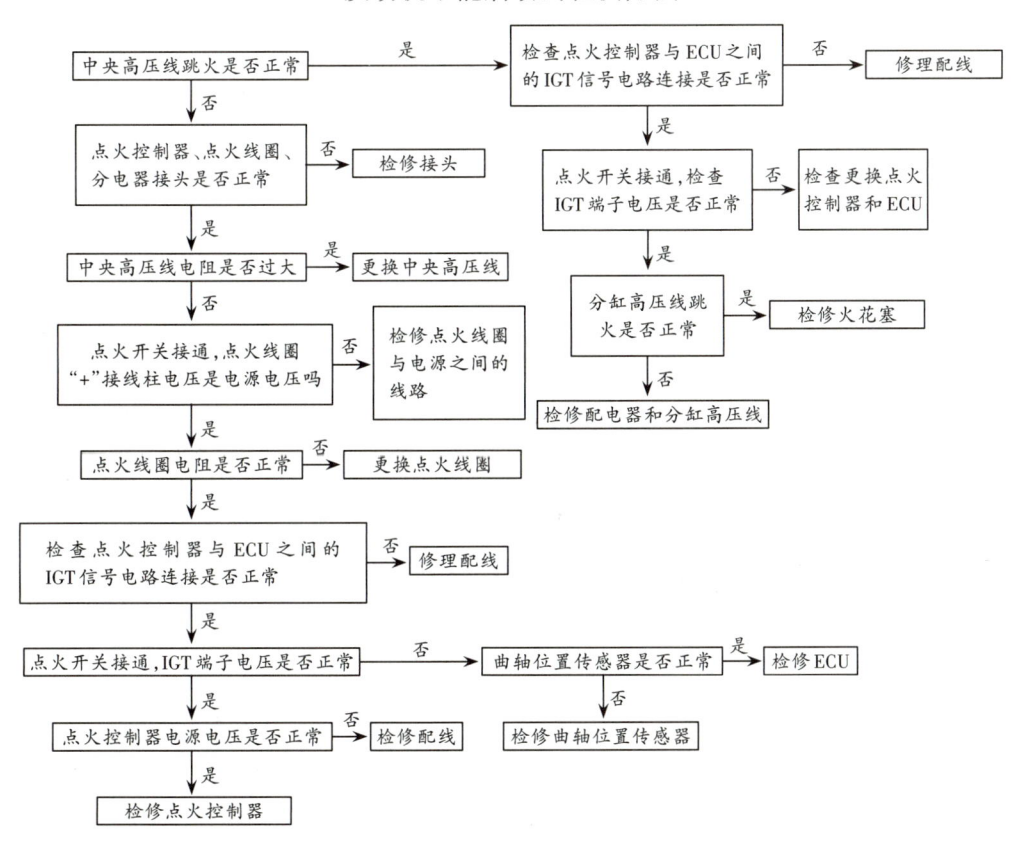

```
中央高压线跳火是否正常 ──是──> 检查点火控制器与ECU之间的IGT信号电路连接是否正常 ──否──> 修理配线
        │否                                    │是
        ▼                                      ▼
点火控制器、点火线圈、分电器接头是否正常 ──否──> 检修接头    点火开关接通，检查IGT端子电压是否正常 ──否──> 检查更换点火控制器和ECU
        │是                                    │是
        ▼                                      ▼
中央高压线电阻是否过大 ──是──> 更换中央高压线    分缸高压线跳火是否正常 ──是──> 检修火花塞
        │否                                    │否
        ▼                                      ▼
点火开关接通，点火线圈"+"接线柱电压是电源电压吗 ──否──> 检修点火线圈与电源之间的线路    检修配电器和分缸高压线
        │是
        ▼
点火线圈电阻是否正常 ──否──> 更换点火线圈
        │是
        ▼
检查点火控制器与ECU之间的IGT信号电路连接是否正常 ──否──> 修理配线
        │是
        ▼
点火开关接通，IGT端子电压是否正常 ──否──> 曲轴位置传感器是否正常 ──是──> 检修ECU
        │是                              │否
        ▼                              ▼
点火控制器电源电压是否正常 ──否──> 检修配线    检修曲轴位置传感器
        │是
        ▼
检修点火控制器
```

任务四　独立点火系统的认知

【任务描述】

根据汽车维修手册等相关资料,掌握独立点火系统的组成、特点及控制原理。

【学习重点】

1. 能对照汽车发动机介绍独立点火系统的组成、特点及基本工作原理,并提出使用建议。
2. 能对独立点火系统的相关资料、资源进行检索,完成工作单的填写。
3. 能正确绘制独立点火系统的控制原理示意图。

【建议学时】

4学时。

【学习地点】

一体化工作站。

【学习准备】

互联网学习资源、教学车辆、多媒体教学设备。

【学习过程】

一、相关知识

独立点火系统是当前先进的点火系统。点火系统中的曲轴位置传感器送来的不仅有点火时刻信号,而且有气缸识别信号,从而使点火系统能在指定的时刻向指定的气缸送去点火信号,这就要求每缸配有独立的点火线圈。但如果是六缸机,则1和6缸、2和5缸、3和4缸分别共用一个点火线圈,即共有三个点火线圈,显然每一个点火线圈点火时,总有一个缸是空点火,检测时应注意这一点。

无触点点火系统能使用低阻抗电感线圈,从而大幅度提高初级电流,使次级电压高达30 kV以上,增强点火能量以提高点燃稀混合气的能力,在改善燃料经济性的同时也有利于降低排气污染。无分电器点火系统完全由电子器件组成而无机械运动部件,彻底解决了因凸轮和轴承磨损以及触点烧蚀间隙失调而引起的一系列故障。

二、任务实施

(一)独立点火系统的组成及特点

观察教学用车,并结合图4-4-1独立点火系统工作原理图,完成括号和空格的填写。通过情景模拟,对照发动机向组员介绍独立点火系统的基本构造(尽量利用图示法)。

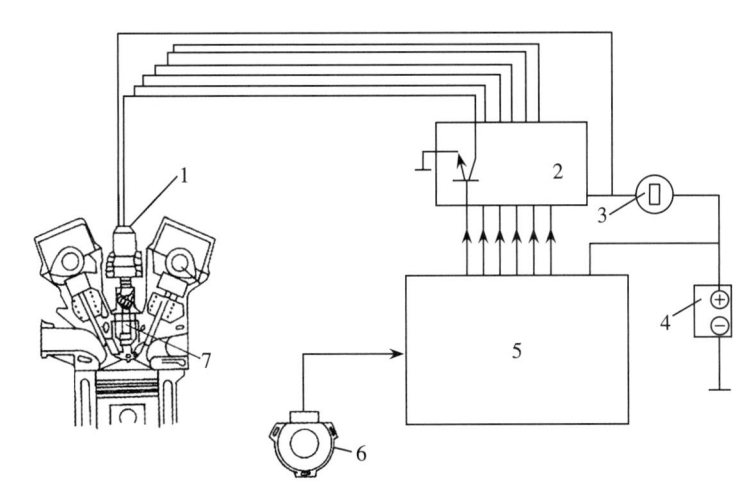

(　　)—点火线圈;(　　)—点火控制器;3—点火开关;(　　)—蓄电池;
(　　)—控制单元;6—传感器;(　　)—火花塞

图4-4-1　独立点火系统工作原理图

观察实训车辆有_____个点火线圈。

(二)独立点火系统的控制原理

点火基本原理:电子控制单元在参考转速、空气流量等基本参数与冷却液温度、进气温度、节气门电位计信号、爆震传感器信号等修正参数后,通过运算确定最佳点火时间,从而对点火线圈的初级线圈进行控制,使火花线圈的次级线圈产生高压电动势,使火花塞点火,点燃可燃混合气。点火时间即点火正时,由发动机电子控制单元内储存的点火综合特性图来决定。(类同双缸同时点火原理)独立点火系统电控单元及传感器如图4-4-2所示。

项目四　发动机点火系统的检修　125

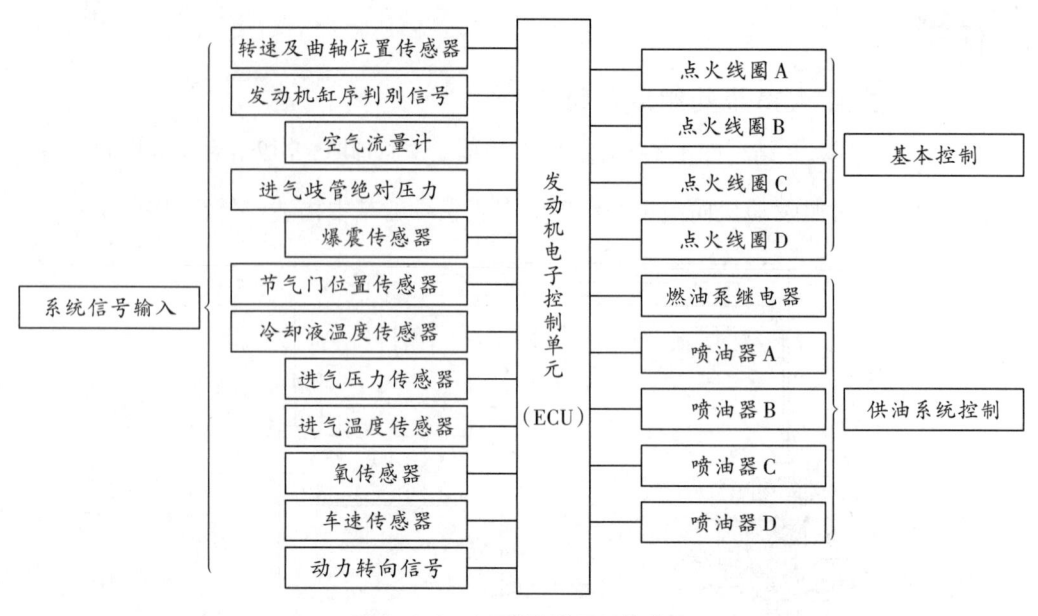

```
系统信号输入 → [转速及曲轴位置传感器, 发动机缸序判别信号, 空气流量计, 进气歧管绝对压力, 爆震传感器, 节气门位置传感器, 冷却液温度传感器, 进气压力传感器, 进气温度传感器, 氧传感器, 车速传感器, 动力转向信号] → 发动机电子控制单元(ECU) → [点火线圈A, 点火线圈B, 点火线圈C, 点火线圈D] → 基本控制；[燃油泵继电器, 喷油器A, 喷油器B, 喷油器C, 喷油器D] → 供油系统控制
```

图4-4-2　电子控制单元及传感器

根据教学车辆及其维修手册、互联网学习资料，回答以下问题。

ECU判定哪一缸活塞即将到达压缩上止点的信号是由_____提供的。当ECU接收到判缸信号后，开始对曲轴转角信号进行计数，判断点火时刻是否到来。与此同时，ECU根据_____确定一个基本点火提前角，并结合_____等传感器信号进行参数修正，最终形成最佳点火提前角；当曲轴转角等于最佳点火提前角时，ECU立即向_____发出指令，使控制初级电路的功率三极管_____，点火线圈初级电流切断，在次级线圈中产生_____从而点燃可燃混合气。

（三）独立点火系统的控制电路

根据教学车辆及其维修手册、互联网学习资料，回答以下问题。

1.在车上找到空气流量计：它在车上的_____位置，有_____个接线柱，各接线柱与电脑端子的连线电阻分别为_____Ω；发动机启动后，怠速运行，其电源电压为_____V，信号电压为_____V。

2.在车上找到进气压力传感器：它在车上的_____位置，有_____个接线柱，各接线柱与电脑端子的连线电阻分别为_____Ω；发动机启动后，怠速运行，其电源电压为_____V，信号电压为_____V。

3.在车上找到车速传感器：它在车上的_____位置，有_____个接线柱，各接线柱与电脑端子的连线电阻分别为_____Ω；发动机启动后，怠速运行，其电源电压为_____V，信号电压为_____V。

4.在车上找到凸轮轴位置传感器：它在车上的_____位置，有_____个接线柱，各接线柱与电脑端子的连线电阻分别为_____Ω；发动机启动后，急速运行，其电源电压为_____V，信号电压为_____V。

5.在车上找到节气门位置传感器：它在车上的_____位置，有_____个接线柱，各接线柱与电脑端子的连线电阻分别为_____Ω；发动机启动后，急速运行，其电源电压为_____V，信号电压为_____V。

6.在车上找到进气温度传感器：它在车上的_____位置，有_____个接线柱，各接线柱与电脑端子的连线电阻分别为_____Ω；发动机启动后，急速运行，其电源电压为_____V，信号电压为_____V。

7.在车上找到冷却液温度传感器：它在车上的_____位置，有_____个接线柱，各接线柱与电脑端子的连线电阻分别为_____Ω；发动机启动，急速运行，其电源电压为_____V，信号电压为_____V。

8.在车上找到爆震传感器：它在车上的_____位置，有_____个接线柱，各接线柱与电脑端子的连线电阻分别为_____Ω；发动机启动后，急速运行，其电源电压为_____V，信号电压为_____V。

9.在车上找到氧传感器：它在车上的_____位置，有_____个接线柱，各接线柱与电脑端子的连线电阻分别为_____Ω；发动机启动后，急速运行，其电源电压为_____V，信号电压为_____V。

10.在车上找到电子控制单元：它在车上的_____位置，有_____个接线柱。

【学习评价】

学习评价表

评价项目	评价标准	学生自评 （优、良、中、差）	小组互评 （点赞数）	老师评估 （是否达成目标）
知识评价	能准确叙述独立点火系统的特点、组成及基本工作原理			
能力评价	能正确绘制独立点火系统控制原理示意图			
素质评价	1.自主进行"8S"管理 2.具有团队协作精神 3.学习态度认真			

续表

评价项目	评价标准	学生自评 （优、良、中、差）	小组互评 （点赞数）	老师评估 （是否达成目标）
学习体会				

【反思与拓展】

一、问题反思

简述独立点火系统的特点。

___

二、知识拓展

独立点火系统与传统点火系统、有分电器微机控制点火系统有何区别？

___

任务五　独立点火系统各部件的拆检

【任务描述】

根据汽车维修手册的相关要求,在规定时间内对独立点火系统进行拆检。

【学习重点】

1. 能向组员叙述独立点火系统各部件的拆检安全操作规程。

2. 能根据要求,在规定时间内规范地对独立点火系统进行拆卸、清洗,并完成过程记录。

3. 能正确选择并使用工量具与仪器对独立点火系统零部件进行测量与记录,判断零部件的工作状态。

4. 能正确回收废旧零部件,填写工作单,完成自检,并向班组汇报维修情况。

5. 能在教材或互联网上有效检索独立点火系统相关资料。

【建议学时】

8学时。

【学习地点】

一体化工作站。

【学习准备】

互联网学习资源、教学车辆、常用维修工量具、火花塞套筒、诊断仪、多媒体教学设备。

【学习过程】

一、相关知识

点火系统故障会影响发动机的工况,故障表现主要包括以下几个方面。

1. 回火

汽车回火可能是点火线圈故障的早期表现。当发动机工作时,气缸中未使用的燃油通过排气管离开时,就会发生汽车回火。如果不解决这个问题,会引发后续更严重的问题。回火问题通常可以通过排气管排放的黑烟来检测。烟雾中有汽油味也可能预示着点火线圈故障。

2. 燃油经济性差

点火线圈故障的另一个迹象是燃油经济性差。如果车辆在加满油后，行驶里程明显少于以前，则可能意味着点火线圈发生故障。

3. 发动机失火

在点火线圈出现故障的车辆中会产生发动机失火情况。启动此类车辆时，发动机会有特殊的噪声。高速行驶时汽车会抖动，怠速时也会抖动。

4. 汽车熄火

点火线圈故障也可能导致汽车突然熄火。发生这种情况的原因是线圈向火花塞发送了不正常的火花。汽车突然熄火后，想要重新启动会非常困难。

5. 怠速不稳和动力不足

发动机怠速不稳和动力不足也是点火线圈出现故障的表现。

6. 检查发动机灯亮起／出现故障代码

若出现点火线圈故障，通常来说仪表板上的检查发动机灯会亮起。使用汽车诊断设备扫描时会显示发动机的故障代码。

若出现上述现象，需要对点火系统进行检查。

二、任务实施

（一）按照下列步骤进行操作并完成相应的数据测量

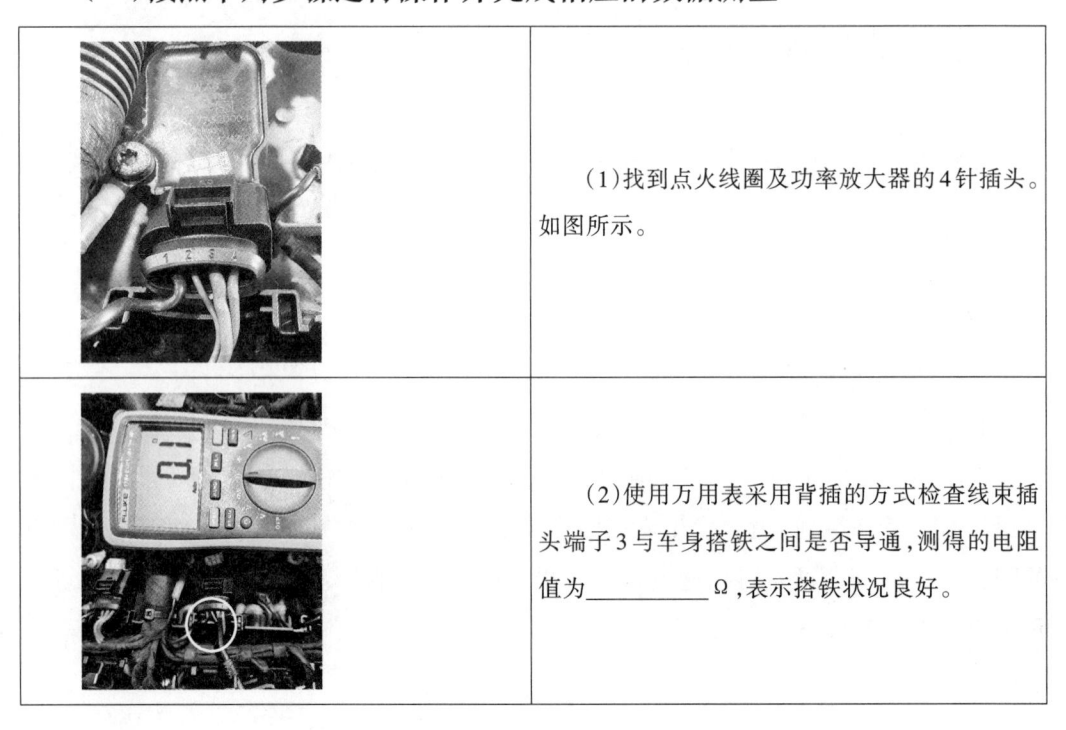

	(1)找到点火线圈及功率放大器的4针插头。如图所示。
	(2)使用万用表采用背插的方式检查线束插头端子3与车身搭铁之间是否导通，测得的电阻值为_____Ω，表示搭铁状况良好。

续表

	(3)检查线束插头端子1与发动机搭铁之间是否导通,测得的电阻值应为_____Ω。
	(4)用万用表测量线束插头端子4与搭铁之间的电压;打开点火开关,测出其电压值为_____V(规定值为蓄电池电压)。如未达到规定值,检查其导线连接及供电继电器情况。
	(5)拔下4个喷油器的插头,这样喷油器都不喷油。否则燃油会损坏催化转化器。
	(6)将二极管检测灯插到点火线圈线束插头端子2上,另一端搭铁,启动发动机使其运行几秒,检测灯应闪亮。
—	(7)如果检测灯不闪亮,按电路图检查点火线圈线束插头端子2至发动机控制单元对应的端子之间的导线是否导通,电阻值为_____Ω;或对地正极短路,其电阻值为_____Ω。

项目四　发动机点火系统的检修　131

续表

—	(8)如果检测出故障,排除此故障。
—	(9)如果导线无故障,更换点火线圈(包括功率放大器)。

(二)检查线路连接情况

查阅汽车维修手册的电路图,检查带功率放大器的点火线圈各端子的连接情况,导线接触电阻不大于 1.5 Ω。

1.从车上拆下带功率放大器的点火线圈,具体步骤如下所示。

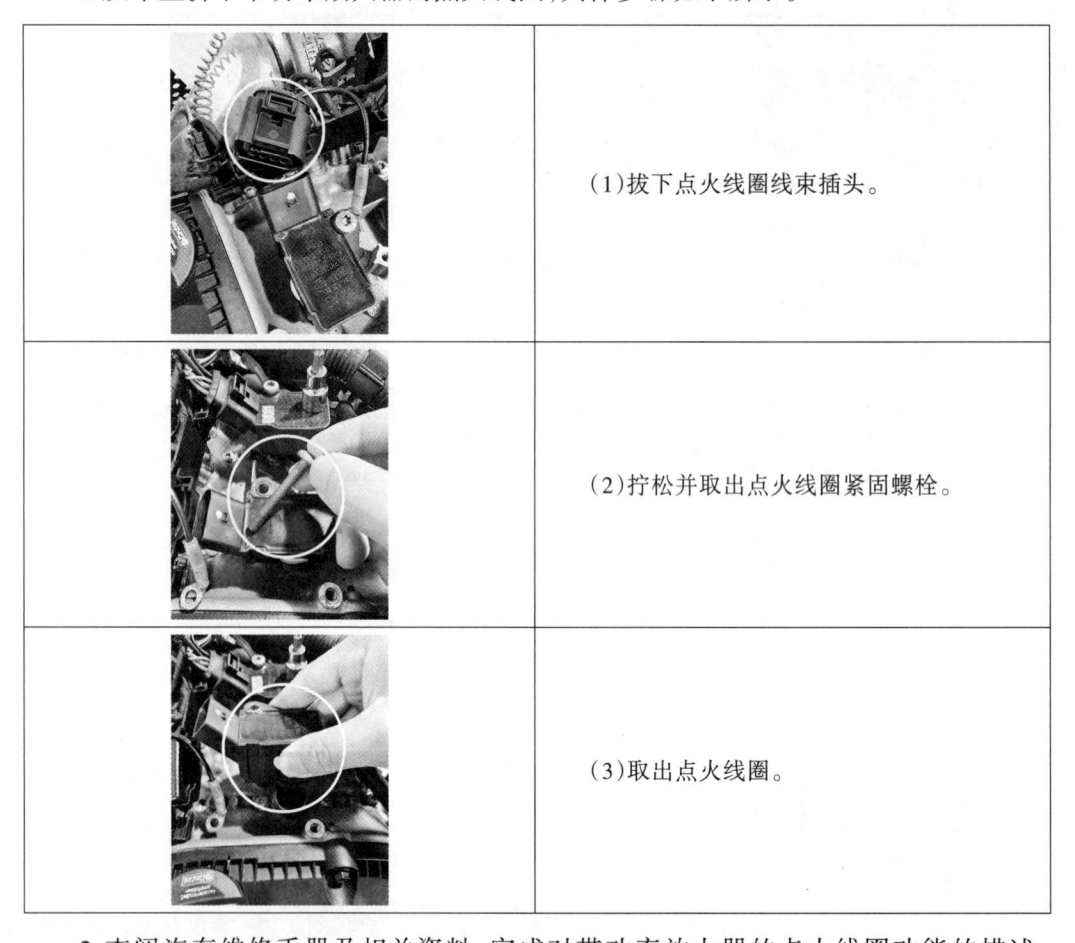

	(1)拔下点火线圈线束插头。
	(2)拧松并取出点火线圈紧固螺栓。
	(3)取出点火线圈。

2.查阅汽车维修手册及相关资料,完成对带功率放大器的点火线圈功能的描述:利用ECU输出的控制信号功率_____,将蓄电池的低压直流电转变成_____,以驱动火花塞点火,_____气缸内的油气混合物。

3.查阅汽车维修手册及相关资料,完成对带功率放大器的点火线圈组成的描述:它由一个_____、一个_____和铁芯、外壳及相应的初级_____等组成。

4.查阅汽车维修手册及相关资料,完成对带功率放大器的点火线圈原理的描述:单缸独立点火中的高压电的分配由电控单元决定,当电控单元发出指令使点火控制组件驱动三极管_____,点火线圈初级电流_____,高压电直接加在发动机的_____上,击穿火花塞间隙跳火,点燃可燃油气混合物。

(三)检查火花塞

按照下列步骤进行操作并确定哪一缸不工作。

	(1)发动机运转时,依次拔下喷油器插头,并观察发动机运转情况。若拔下一个缸的喷油器,该缸运转情况变坏,说明该缸_____。若拔下一个缸的喷油器,该缸运转情况和原来一样,说明该缸_____。
	(2)如果确定了某缸有故障,使用火花塞套筒取出故障气缸的火花塞。
	(3)检查火花塞电极情况以及火花塞电极间隙。
—	(4)将故障气缸的火花塞与另一气缸的火花塞_____,如果故障随火花塞转移,更换_____。
—	(5)如果同一缸仍有故障,将有故障气缸的点火线圈与另一气缸的点火线圈_____。

续表

—	（6）如果故障随点火线圈_____，更换点火线圈。
—	（7）如果同一缸仍有故障，检查此缸的功率放大器的功能。

注意事项：

1.只有在关闭点火开关时才可拔下连接蓄电池的导线，否则可能损坏发动机控制单元。

2.为了使电子元件正常工作，蓄电池电压不得低于12.7 V。

3.进行某些检测时，发动机控制单元有可能识别并存储故障信号，因此，检测及修理后，应查询并清除故障存储器。

4.故障查询、清除后，如果发动机启动后短时间内又熄火，可能是防盗器锁住了发动机控制单元，需要查询故障存储器并进行控制单元自适应。

5.发动机运转或由启动机拖动运转时，不要触摸或拔下点火线圈。

6.连接或拔下点火系统的高压线、测试接线等前应先关闭点火开关。

7.如需要启动机拖动发动机但不启动发动机（如检查缸压）时，应拔下点火线圈功率放大器插头及喷油器插头。

8.清洗发动机前，必须关闭点火开关。

【学习评价】

学习评价表

评价项目	评价标准	学生自评（优、良、中、差）	小组互评（点赞数）	老师评估（是否达成目标）
知识评价	能叙述独立点火系统各部件的拆检安全操作规程			
能力评价	1.能正确对独立点火系统进行拆卸、清洗 2.能正确使用工量具与仪器对独立点火系统各部件进行测量与记录			
素质评价	1.自主进行"8S"管理 2.具有团队协作精神 3.学习态度认真			
学习体会				

【反思与拓展】

一、问题反思

简述独立点火系统的检测步骤。

_____

_____

二、知识拓展

独立点火系统检测应该注意的事项有哪些?

_____

_____

任务六　单元测验

机型：大众EA888发动机

模块竞赛时间：60分钟

选手参赛号	国家代码	模块	翻译后语言
	CN	A	CN

竞赛说明：按照下列顺序完成各项作业，对发现的任何故障必须向裁判报告，裁判将向选手提出正确的维修操作建议

	作业说明
A1	发动机不能启动，进行必要的维修使发动机启动 选手可以使用现场提供的测量设备进行检测 选手必须将在A1部分所发现的任何故障记录到报告单中并对此做出判断，否则在该项中发现并排除了故障但未记录的不得分
A2	发动机运转不良，进行所有必要的维修，让发动机正常运转 选手必须将在A2部分所发现的任何故障记录到报告单中并对此做出判断，否则在该项中发现并排除了故障但未记录的不得分

注意事项及要求：

（1）拆卸零部件前，必须向裁判报告。

（2）如需协助请向裁判示意。

（3）选手对零部件、线路等故障检测前，应将异常数据向裁判展示。

（4）选手对需要更换、维修的零部件进行检查测量并向裁判展示。

（5）选手应对裁判恢复的故障进行验证或测量并展示。

报告单

序号	故障内容	更换	维修	备注
1				
2				
3				
4				
5				
6				
……				

竞赛评分表

选手参赛号		裁判签字			
竞赛机型		大众EA888发动机			
任务时长	60分钟	实际用时			

项目	序号	标准描述	分值	是/否完成	得分
安全与规范（15分）	1	正确穿戴劳保用品	2		
	2	保持工作区域干净	2		
	3	对车辆进行安全防护	2		
	4	发动机启动前插好废气抽排管	2		
	5	完成所有任务并将所有工具归位	2		
	6	无不安全操作	5		
有分电器微机控制点火系统的拆检（40分）	1	使用前校准仪器仪表	3		
	2	作业前检查电池情况	2		
	3	作业前检查发动机机油情况	2		
	4	作业前检查冷却液情况	2		
	5	作业前检查制动液液位情况	2		
	6	作业前检查汽车外观	2		
	7	正确拆卸点火线圈	2		
	8	正确测量点火线圈初级线圈	3		
	9	正确测量点火线圈次级线圈	3		
	10	正确拆卸分电器	2		
	11	正确测量分火头电阻	3		
	12	正确拆卸火花塞	2		
	13	正确检测火花塞外观	2		
	14	正确检测火花塞电极间隙	3		
	15	正确测量火花塞绝缘电阻	3		
	16	正确测量高压导线	2		
	17	正确装回拆卸的零部件	2		

续表

项目	序号	标准描述	分值	是/否完成	得分
独立点火系统的拆检（45分）	1	正确测量点火线圈端子3	4		
	2	正确测量点火线圈端子1	4		
	3	正确测量点火线圈端子4	4		
	4	正确测量点火线圈端子2	4		
	5	正确判断测量结果	3		
	6	正确修复点火线圈故障	3		
	7	正确判断发动机缺缸	4		
	8	正确拆卸火花塞	4		
	9	正确进行火花塞外观检测	3		
	10	正确进行火花塞电极间隙检测	3		
	11	正确进行火花塞绝缘性检测	3		
	12	正确排除缺缸故障	3		
	13	正确安装拆卸的零部件	3		
		总分	100分		

项目五　发动机冷却系统的检修

【项目目标】

知识目标

1. 能描述发动机冷却系统的基本构造、部件功能及其基本工作原理；
2. 能正确选择并使用工量具与仪器对冷却系统零部件进行测量，判断零部件的工作状态；
3. 能正确回收废旧零部件，填写工作单，并向班组汇报检修情况。

技能目标

1. 能根据汽车维修手册的要求，规范地对冷却系统进行拆卸、清洗、装配；
2. 在作业过程中落实冷却系统的拆检安全操作规程；
3. 能对冷却系统的相关资料进行检索，完成工作单的填写。

素质目标

1. 养成良好的纪律意识、安全意识、环保意识；
2. 养成良好的清洁习惯和互帮互助的品德。

【项目准备】

常用工具：梅花扳手、套筒扳手、扭力扳手、开口扳手、风动工具、发动机修理包等。

设备：教学车辆、发动机台架、多媒体教学设备、白板和展示板、翻转架、工具车、零件车、接油盆等。

常用量具：万用表、千分尺、塞尺、游标卡尺等。

专用工具：诊断仪。

油料、材料：机油、润滑脂、清洗液、冷却液等。

资料：JL476ZQCF发动机维修手册（修订）、安全操作规程。

【工作流程】

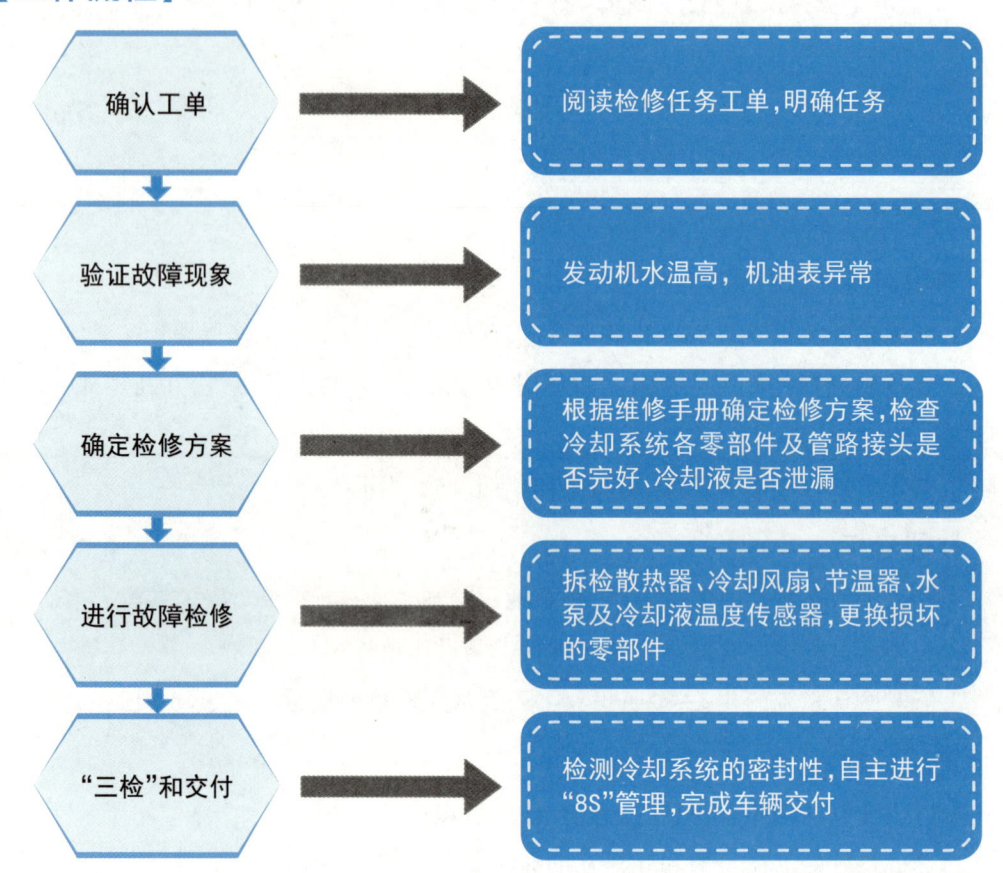

确认工单	阅读检修任务工单,明确任务
验证故障现象	发动机水温高,机油表异常
确定检修方案	根据维修手册确定检修方案,检查冷却系统各零部件及管路接头是否完好、冷却液是否泄漏
进行故障检修	拆检散热器、冷却风扇、节温器、水泵及冷却液温度传感器,更换损坏的零部件
"三检"和交付	检测冷却系统的密封性,自主进行"8S"管理,完成车辆交付

任务一　冷却系统结构及功能的认知

【任务描述】

根据发动机维修手册的相关要求,对水温高的故障车辆进行检修。在教师的指导下,学习发动机冷却系统的组成、作用和工作原理,学习发动机冷却系统的主要部件的检修,熟悉冷却系统大、小循环的循环路线,为维修故障车辆准备相关知识。

【学习重点】

1. 能查阅 JL476ZQCF 发动机维修手册(修订),列举发动机冷却系统的组成部件和描述其工作原理。
2. 能列举水温高故障的原因。
3. 熟悉发动机冷却系统的功能及类型。
4. 掌握拆检工具的使用方法,文明、规范作业。
5. 能在作业过程中做好过程记录。
6. 能合理回收废弃物、整理零部件、填写工作单。

【建议学时】

6学时。

【学习地点】

一体化工作站。

【学习准备】

JL476ZQCF 发动机维修手册(修订)、互联网学习资源、教学车辆、发动机台架、常用维修工量具、多媒体教学设备。

【学习过程】

一、相关知识

在发动机工作期间,最高燃油温度可达2500 ℃,即使在急速或中等转速下,燃烧室的平均温度也在1000 ℃以上,因此,与高温燃气接触的发动机零部件受热后温度也很高。在这种情况下,若不进行适当的冷却,发动机会过热,工作过程会恶化,零部件强度会降低且磨损会加剧，机油会变质，最终导致发动机动力性、经济性、排气净化性、可靠性及耐久性全面降低。但是冷却过度也是有害的，过度冷却会使发动机长时间在低温下工作，散热损失及摩擦损失将增加，零件磨损加剧，排放恶化，最终导致发动机功率下降及燃油消耗率增大。

发动机要达到最佳运行状态，冷却液的温度约为 90 ℃。在这个温度下，燃烧室的温度足以使燃料完全燃烧，可以实现发动机的功率和排气净化性最佳。如果用于润滑发动机的润滑油较稀薄，黏稠度较低，则发动机零件可以更灵活地运转，而发动机运转过程中消耗的能量也将减少，零件也更不易磨损。

（一）水温对发动机的影响

水温过高的危害：机油变质，不能正常润滑，零部件强度急剧下降，热膨胀量过大，活塞易出现拉伤、卡死。同时，因增压器压力是一定的，而高温使发动机进气温度升高、密度相应下降，导致进入燃烧室的气体总量减少，使得发动机功率下降。

水温过低的危害：发动机热效率降低，润滑油黏度增大，发动机摩擦损失增大。温度低还将使发动机燃烧粗暴，导致气缸腐蚀磨损，同时会加剧发动机水套穴蚀。

水温持续在节温器开启温度左右，会造成节温器反复开启关闭（俗称节温器振荡），最终导致节温器损坏。

（二）冷却系统的分类

发动机冷却系统根据冷却方式不同可分为风冷式和水冷式，对应的发动机为风冷发动机和水冷发动机。

1.风冷发动机

风冷发动机是以空气作为冷却介质的发动机。其工作原理是气缸及缸盖的外壁上铸造了一些散热片，冷却风扇使空气高速吹过散热片表面，带走发动机散发出的热量，使发动机冷却。

风冷发动机的特点是对地理环境和气候环境的适应性强，特别适合在沙漠或高原等缺水的地区工作。另外，在酷热的气候条件下工作不会过热，在严寒季节也不易过冷，但是相对而言，风冷系统的热负荷高，需要较大的空气流量和合理的散热片布局。一些军用汽车和载货汽车常采用这种方式，摩托车上也大量使用，使摩托车不必安装散热器。风冷发动机结构如图 5-1-1 所示。

图 5-1-1　风冷发动机

2.水冷发动机

水冷发动机是以水或以水为主要成分的防冻液作为冷却介质的发动机。其工作原理是在气缸及缸盖的内壁铸造了一些可以流通水的管道,并在发动机机体之外设有专门的散热器,通过水泵和管道强制冷却水循环,然后用冷却风扇使空气高速吹过散热器的散热片表面,带走发动机散发的热量,使发动机冷却。

水冷发动机的特点是散热快,可以长时间高转速运行,不容易出现热衰减,因此,它被现代大多数汽车采用。但缺点是水冷系统结构复杂,管路老化后容易出现冷却液泄漏的情况。水冷发动机结构如图5-1-2所示。

图 5-1-2　水冷发动机

(三)冷却系统的组成

冷却系统由水泵、散热器、膨胀水箱、连接管、节温器、水暖器、旁通管、旁通阀、水管等组成,具体如图5-1-3所示。

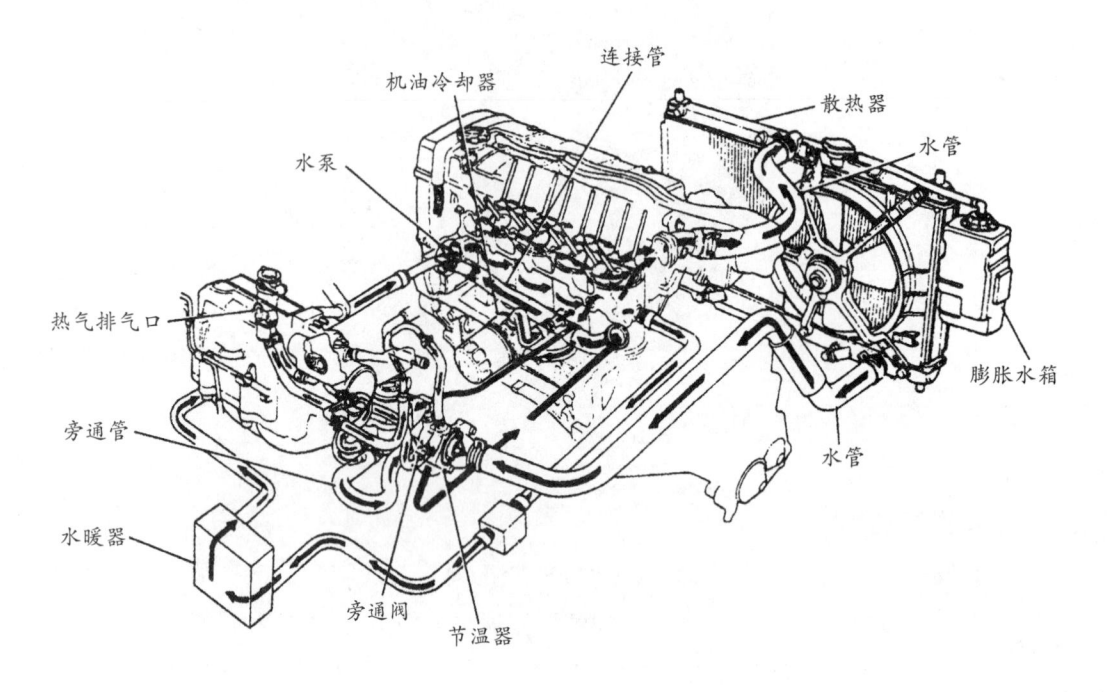

图5-1-3 冷却系统的组成

1.冷却风扇

冷却风扇(图5-1-4)安装在散热器(图5-1-5)后面,风扇旋转时,会产生轴向吸力,增加流过散热器的空气量,加速对流经散热器的冷却液的冷却,同时使发动机外壳及附件得到适当冷却。通常利用百叶窗和各种自动风扇离合器来改变通过散热器的空气流量。冷却风扇包括硅油风扇、电动风扇。

图5-1-4 冷却风扇

图5-1-5 散热器

(1)硅油风扇

硅油风扇离合器是硅油风扇的主要组成部件,由主动板、从动板、双金属感温器及壳体等构成。硅油风扇离合器用硅油作为介质,利用硅油高黏度的特性传递扭矩,通过感温器感知散热器后面空气的温度,从而自动控制风扇离合器的分离和接合。

(2)电动风扇

电动风扇一般采用双速直流电机驱动。例如桑塔纳轿车,其散热风扇电机的通、断电及变速是由装在散热器一侧的温控开关来控制的,当冷却液温度高于95 ℃时,温控开关的低温触点闭合,风扇电机以1600 r/min的转速低速转动;当冷却液温度升高到105 ℃时,温控开关的高温触点闭合,风扇电机便以2400 r/min的转速高速转动。冷却液温度传感器如图5-1-6所示。

(a) (b)

图5-1-6 冷却液温度传感器

2.冷却液

冷却液是水与防冻剂、防锈剂、泡沫抑制剂、着色剂等的混合物,冷却液所用的水最好是软水而不是硬水,因为软水含矿物质较少,硬水易产生水垢阻塞水道,破坏冷却液的循环,使发动机过热。

(1)防冻剂。纯净水在0 ℃时会结冰,如果将纯净水作为冷却水,则在0 ℃及以下其就会因结冰而终止循环,发动机则会因得不到冷却而过热。尤其水在结冰时体积会膨胀,可使机体、缸盖和散热器胀裂。为了满足冬季行车的需要,需要在水中加入防冻剂。最常用的防冻剂是乙二醇,将其加入水中可降低混合物的冰点。冷却液中水与乙二醇的比例不同,其冰点也不同。同时,加入乙二醇还可提高冷却液的沸点,防止冷却液过早沸腾。

(2)防锈剂。防锈剂可以延缓或阻止发动机缸体水套、缸盖水套及散热器的锈蚀。

(3)泡沫抑制剂。泡沫抑制剂可以抑制冷却液中的空气在水泵叶轮的搅动下产生泡沫。

(4)着色剂。着色剂可以使防冻液呈蓝绿色或黄色,以便识别。

在使用过程中,防锈剂和泡沫抑制剂会逐渐减少至消耗殆尽,因此,需定期更换冷却液。

3.水箱盖

水箱盖的作用是盖住加水口,将冷却系统与大气隔开,防止水蒸气逸出或冷却水溅出,使强制循环水冷系统成为封闭系统(通常称为闭式水冷系统)。请勿在发动机很热的时候拆卸水箱盖,否则从水箱里溢出的高温冷却液会造成严重烫伤。

(四)冷却系统的冷却路径

发动机冷却系统的主要功能是把受热零件吸收的部分热量及时散发出去,保证发动机在最适宜的温度下工作。

当冷却液温度低于85℃时,节温器的主阀门关闭,旁通阀门开启,冷却液不流经散热器而流经节温器旁通阀后直接流回水泵进水口,被水泵重新压入水套。此时,冷却液在冷却系统内的循环称为小循环。

当冷却液温度高于105℃时,节温器的主阀门开启,侧阀门关闭旁通孔,冷却液全部经主阀门流入散热器进行散热,散热后流至水泵进水口,被水泵压入水套。此时,冷却液在冷却系统内的循环称为大循环。冷却水路如图5-1-7所示。

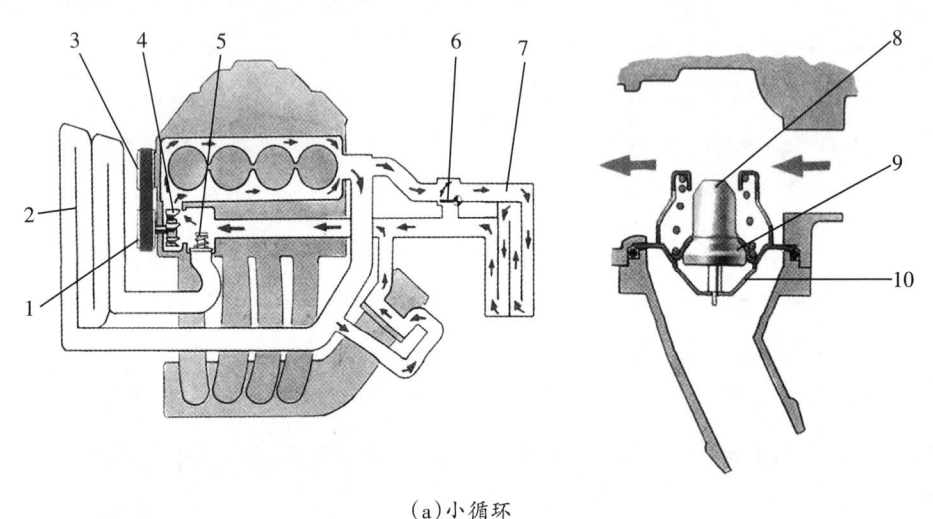

(a)小循环

(b)大循环

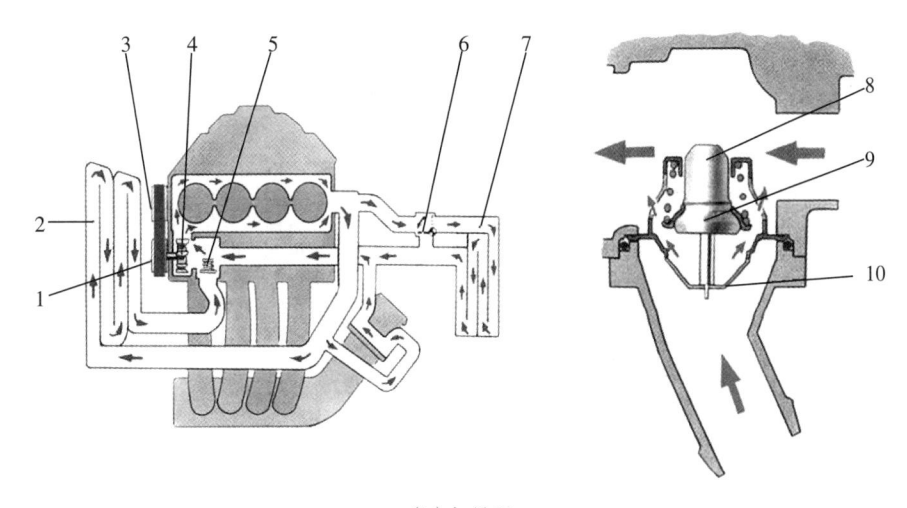

图 5-1-7 冷却水路

1—水泵齿形带轮；2—散热器；3—曲轴齿形带轮；4—水泵叶轮；5—节温器；6—控制阀；
7—暖风装置的热交换器；8—节温器芯；9—节温器阀；10—阀座

（五）暖风系统

汽车暖风系统是将冷空气吹到热交换器表面，在冷空气吸收热交换器的热量后将其送入车内，从而提高车内温度的整套装置。

1. 水暖式暖风系统

水暖式暖风系统主要由加热器、热水调节阀、鼓风机、控制面板等组成。其中，鼓风机由可调节速度的直流电动机和鼠笼式风扇组成，作用是将冷空气吹向加热器，冷空气经加热后被送入车内。热源来自发动机冷却液。调节电动机的速度，可以改变送风量。水暖式暖风系统多用于轿车、大型货车及采暖要求不高的客车上。

2. 气暖式暖风系统

热源来自发动机排气系统。气暖式暖风系统多用于风冷式发动机汽车上。

3. 热交换器式暖风系统

发动机工作时，被发动机气缸中的高温加热的冷却液在发动机冷却系统的水泵的作用下，经进水管进入热交换器，鼓风机吹出的空气将冷却液散发出的热量送到车厢内或风窗玻璃，用以提高车内温度和除霜。在热交换器中进行了散热的冷却液经回水管返回，如此循环，实现暖风供热。

4. 热管式暖风系统

热管交换器垂直安装在车厢地板内，上面一部分为冷凝放热段，下面一部分为废气加热段。将汽车发动机排气管排出的废气引入热管交换器中,热管交换器中装有液态氨,液态氨受热汽化后升到热管交换器上部与空气进行热交换。空气被加热后,由鼓风机吹入车内供暖。氨气放出热量后随即冷凝并流回,接着完成下一个工作循环。

5.燃料气暖式暖风系统

用燃料直接加热空气的取暖系统称为燃料气暖式暖风系统。

6.独立燃烧式暖风系统

热源为专用燃料燃烧产生的热量。独立燃烧式暖风系统多用于大型客车上。

7.综合预热式暖风系统

热源为发动机冷却液的热量和专用燃料燃烧装置的热量两部分。综合预热式暖风系统多用于大型客车上。

二、任务实施

画出冷却液循环的路径简图。

小循环:当冷却液的温度低于85 ℃时	
大循环:当冷却液的温度高于105 ℃时	
混合循环:当冷却液的温度高于85 ℃低于105 ℃时,同时进行大循环和小循环	
暖风循环:吹过暖风机芯的空气被冷却液加热后,一部分被送到挡风玻璃除霜器,一部分被送到车内	冷却水→散热器→水泵→机体水套→缸盖水套→出水管→暖风机芯

【学习评价】

学习评价表

评价项目	评价标准	学生自评 （优、良、中、差）	小组互评 （点赞数）	老师评估 （是否达成目标）
知识评价	1.能准确描述冷却系统的组件名称、作用 2.能叙述冷却系统的工作原理及水温高对发动机的影响			
能力评价	1.能通过汽车维修手册、互联网等途径查阅发动机冷却系统相关资料 2.能正确识别冷却系统各零部件并进行拆解			
素质评价	1.自主进行"8S"管理 2.具有团队协作精神 3.学习态度认真			
学习体会				

项目五　发动机冷却系统的检修

【反思与拓展】

一、问题反思
强制冷却水在发动机内进行循环的装置是什么？它是根据什么来改变发动机的循环类型的？

_____

_____

_____

二、知识拓展
为防止发动机过热，要求其工作温度应在什么范围？哪些情况会导致汽车冷却系统水温异常？

_____

_____

_____

任务二　冷却系统基本检查方法的认知

教学视频

【任务描述】

根据发动机维修手册的相关要求,在教师的指导下学习发动机冷却系统的基本检查方法,为维修故障车辆准备相关知识,对水温高的故障车辆进行维修。

【学习重点】

1.查阅 JL476ZQCF 发动机维修手册(修订),列举发动机冷却系统的基本检查方法并进行操作。

2.熟悉检查汽车冷却系统的工量具及仪器的名称、种类、使用方法,并正确使用。

3.在作业过程中落实安全操作规程的要求,做好过程记录。

4.合理回收废弃物、整理零部件、填写工作单。

【建议学时】

6学时。

【学习地点】

一体化工作站。

【学习准备】

JL476ZQCF 发动机维修手册(修订)、互联网学习资源、教学车辆、发动机台架、常用维修工量具、多媒体教学设备。

【学习过程】

一、相关知识

1.定期清洗冷却系统。冷却系统中的水和冷却剂在长时间使用后,容易形成沉淀物和污垢等。这些沉淀物和污垢会影响冷却系统的散热效果,甚至导致故障。因此,定期清洗冷却系统是非常必要的。

2.检查冷却系统的管路和连接件。冷却系统的管路和连接件是冷却介质流动的通道,如果管路和连接件存在漏水或者堵塞等问题,会严重影响冷却效果。因此,定期检查冷却系统的管路和连接件非常重要。

3.检查冷却系统的泵和风扇。冷却系统的泵和风扇是冷却介质循环流动和散热的关键设备,定期检查泵和风扇的运行状况,可以确保冷却系统的正常运行。

4.检查冷却系统的温度和压力。冷却系统的温度和压力是冷却效果的重要指标,定期检查冷却系统的温度和压力可以及时了解系统的运行情况。

5.定期更换冷却剂。冷却剂是冷却系统的重要组成部分,定期更换冷却剂可以保证冷却系统的正常运行。

二、任务实施

(一)车上检查

	(1)进行各项检查前,将空调开关转到OFF位置。
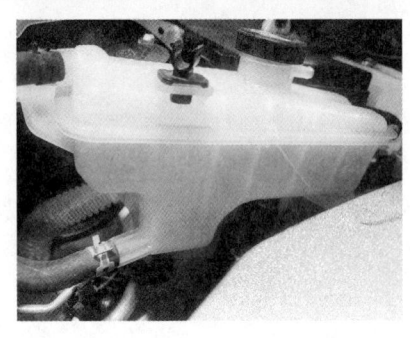	(2)检查车辆冷却液液位是否合格。

(二)冷却液管路连接情况检查

	(1)检查连接空调加热器的管路。

续表

图	说明
	（2）检查连接发动机出水口与散热器的管路。
	（3）检查连接下水箱与发动机进水口的管路。
	（4）检查水管接口部分是否有漏水的情况。

注意：重点检查冷却系统各管路和接口是否有泄漏。

（三）冷却液检查

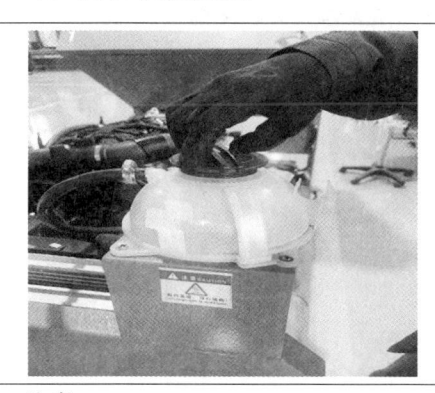

图	说明
	打开储液罐盖，观察储液罐加注口周围是否有很多锈渍或水垢沉积。同时，检查冷却液质量，要求不能含有机油及其他杂质。如果污垢过多，应清洗冷却液通道，并更换冷却液。

注意：
(1)冷却液质量好指冷却液里面不含杂质。
(2)在发动机和散热器未冷却的时候，请勿拆卸储液罐盖，因为有压力、高温的发动机冷却液一旦被释放会导致严重的烫伤。

(四)冷却液泄漏情况检查

	(1)给储液罐加注冷却液。
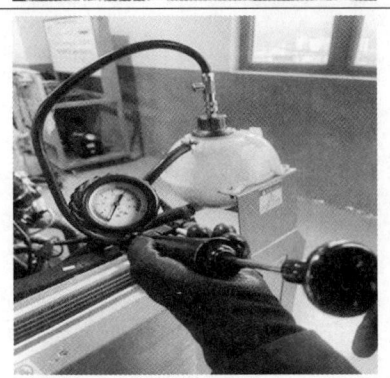	(2)接上散热器压力测试仪,使发动机暖机,进行压力检查:用散热器压力测试仪增加散热器中的压力到 118—157 kPa(具体数据需要根据车型而定)并检查压力是否下降。

注意:在用散热器压力测试仪测量之前应检查其密封性。

(五)排放冷却液

	(1)在更换冷却液之前,应该将车辆停放在有斜度的地方,让车身前后有一定的高度差,以便冷却水可以由高处向低处流而不至于满地湿滑。
	(2)排出发动机的冷却液,检查冷却液质量是否合格。

续表

	（3）取下储液罐盖。
	（4）松开散热器放水开关和发动机排水塞，排出冷却液。

（六）加注冷却液

	（1）加注发动机冷却液。
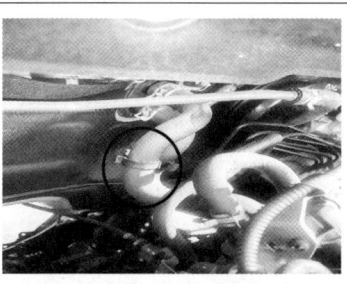	（2）拔下空调暖气水管（尽量抬高加热器软管，部分车型还要松开发动机上的排气阀螺栓，注意不能丢了垫片），慢慢地向冷却系统的冷却液加注口加注冷却液，直到发现暖气水管有新添加的冷却液流出时，就可以将空调暖气水管接上并继续加注，直到液面达到规定位量。
	（3）向储液罐中加注的冷却液需达到规定液位。

续表

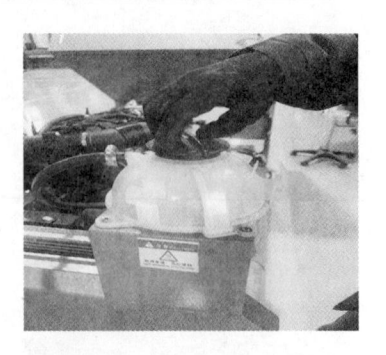	(4)盖上储液罐的盖子,启动发动机,不要踩油门使之急速运转,暖机到节温器打开。冷却液被带入大循环,此时液面高度会下降。
	(5)用手测试散热器软管(下面的)是否有温水流过,确认节温器是否打开。 注意:热车过程需观察水温情况,以防止发动机过热。冷却液位置在 MIN—MAX 之间为标准情况。
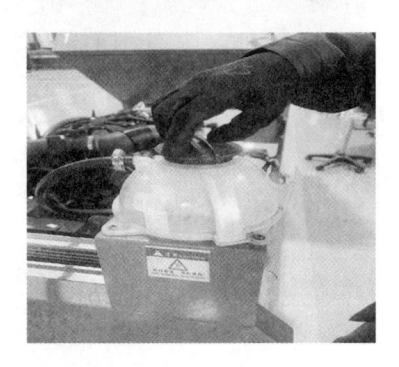	(6)盖上储液罐的盖子,重复第(3)、第(4)步两次或两次以上直到发动机冷却液液位不再下降。 注意:若系统里面还有残留的空气,在几次大循环流动之后,气泡会从储液罐加注口冒出来,同时液面高度也会降低。再次添加冷却液,需加到略高于储液罐加注口。
	(7)运转发动机,检查冷却系统有无泄漏。

续表

	(8)检查更换了冷却液的车辆有无冷却液泄漏情况。
	(9)清除冷却系统管路上的冷却液。
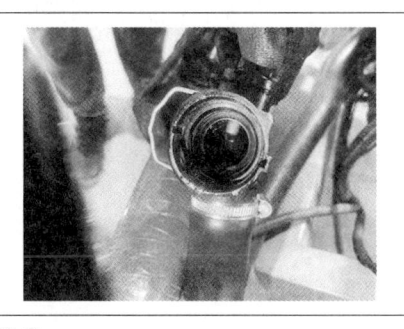	(10)安装散热器放水塞,务必要将散热器放水塞清理干净并安装新的密封圈。

注意:
(1)启动发动机后观察冷却系统各管路接头处是否有泄漏。
(2)安装时各接头的密封圈要用新的。

【学习评价】

学习评价表

评价项目	评价标准	学生自评 （优、良、中、差）	小组互评 （点赞数）	老师评估 （是否达成目标）
知识评价	1.能准确描述检查冷却系统所使用的工量具及其正确使用方法 2.能列举发动机冷却系统的检查方法			
能力评价	1.能通过查询汽车维修手册、互联网等获取冷却系统相关资料 2.能正确识别冷却系统各零部件，检查管路问题并正确更换冷却液			
素质评价	1.自主进行"8S"管理 2.具有团队协作精神 3.学习态度认真			
学习体会				

【反思与拓展】

一、问题反思

冷却液的特性有哪些？请举例说明。

_____
_____
_____

二、知识拓展

冷却液中有哪些成分？冷却液中通常采用哪种类型的水？

_____
_____
_____

任务三 散热器零部件的拆检

【任务描述】

根据发动机维修手册的相关要求,对水温高的故障车辆进行检修。在教师的指导下,认识发动机冷却系统的主要零部件并叙述其主要作用,对发动机冷却系统的散热器零部件进行拆检。

【学习重点】

1.查阅JL476ZQCF发动机维修手册(修订),列举发动机冷却系统散热器零部件的拆检方法,并进行操作。

2.熟悉检查冷却系统所使用的工量具及仪器的名称、使用方法,并正确使用。

3.在作业过程中落实安全操作规程的要求,做好过程记录。

4.能合理回收废弃物、整理零部件、填写工作单。

5.能对散热器相关资料进行有效检索。

【建议学时】

6学时。

【学习地点】

一体化工作站。

【学习准备】

JL476ZQCF发动机维修手册(修订)、互联网教学资源、教学车辆、发动机台架、常用维修工量具、多媒体教学设备。

【学习过程】

一、相关知识

汽车散热器俗称"水箱",是汽车发动机冷却系统中不可缺少的重要部件,主要由储水池进水管、散热器芯、散热器盖、出水室和出水管等组成,其材质一般有两种:铝和铜,前者多用于小型汽车,后者多用于大型商用车。

二、任务实施

（一）车上清洁

	（1）检查冷却风扇叶片是否堵塞。如果叶片堵塞，用水或蒸汽清洁器清洗，用压缩空气吹干。如果叶片弯曲，用旋具或钳子将其校直。注意：不可将水直接喷在电子组件上。
	（2）清洗散热器，并检查散热器的外观。

注意：
(1)如果发现散热器上有严重锈蚀或水垢，应用散热器清洗剂清洗。
(2)检查散热器芯子时，将压扁或弄弯的散热器叶片校直。必要时，应清洗芯子，清除水垢和脏物。

（二）拆除旧的散热器

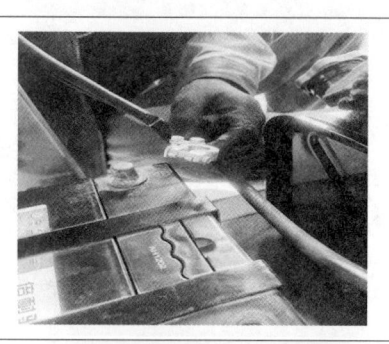	（1）断开蓄电池负极。
	（2）排出散热器中的冷却液。

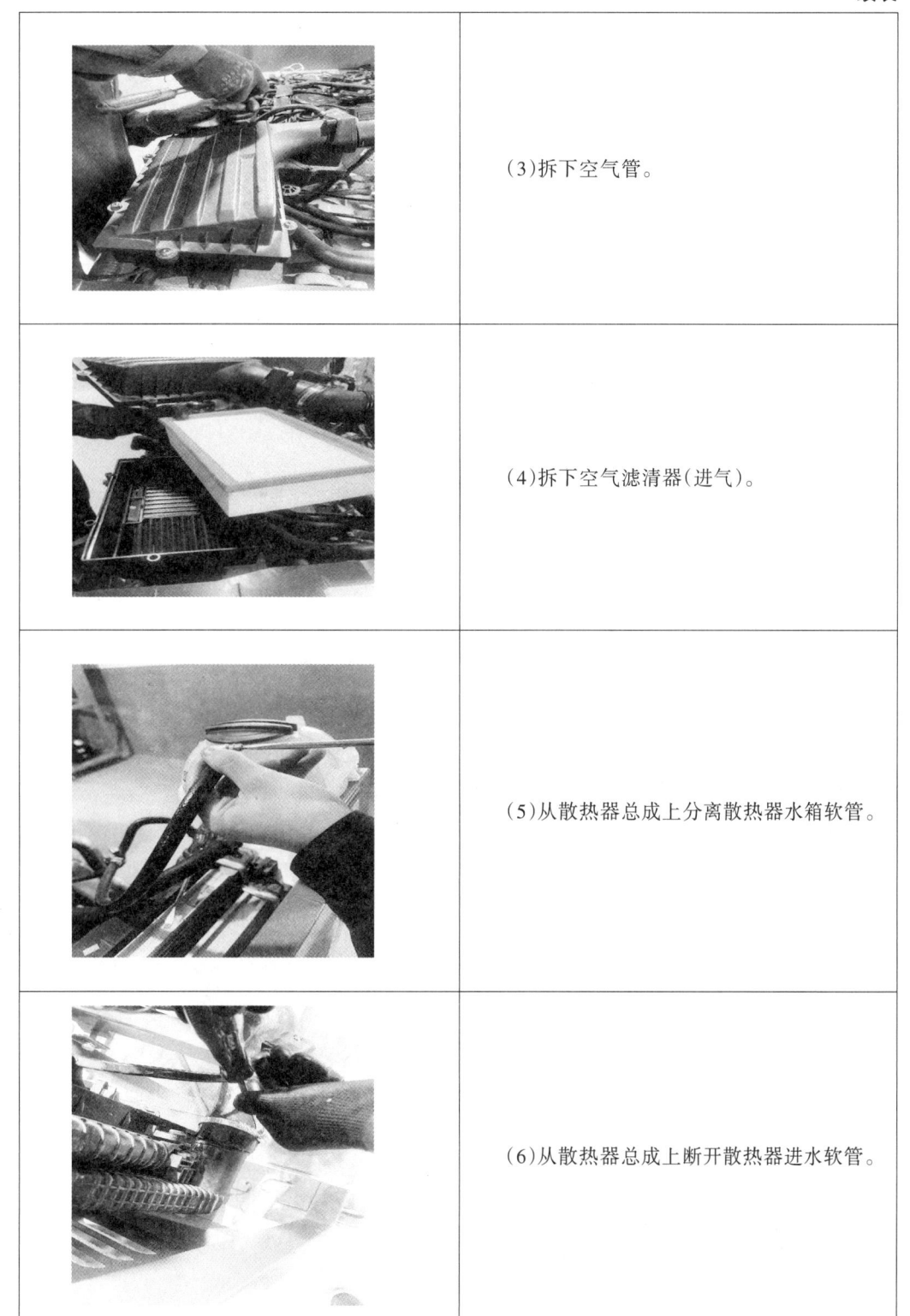

续表

	(3)拆下空气管。
	(4)拆下空气滤清器(进气)。
	(5)从散热器总成上分离散热器水箱软管。
	(6)从散热器总成上断开散热器进水软管。

续表

	(7)从散热器总成上断开散热器出水软管。
	(8)断开风扇制动盘上的线束接头,并将线束移开,避免影响后续操作。
	(9)从车身上拆卸散热器总成。
	(10)摆放好拆卸下来的散热器总成。

续表

	（11）从散热器总成上分离冷凝器总成。

注意：
（1）断开各开关接头时不要损坏接头。
（2）检查散热器芯子时,将压扁或弄弯的散热器叶片校直。必要时,应清洗芯子,清除水垢和脏物。

【学习评价】

学习评价表

评价项目	评价标准	学生自评（优、良、中、差）	小组互评（点赞数）	老师评估（是否达成目标）
知识评价	1.能准确描述散热器部件的拆检方法 2.能描述拆检散热器所使用的工量具及仪器			
能力评价	1.能通过查询发动机维修手册和互联网等获取散热器拆检相关资料 2.能正确拆检散热器			
素质评价	1.自主进行"8S"管理 2.具有团队协作精神 3.学习态度认真			
学习体会				

【反思与拓展】

一、问题反思

散热器的作用是什么？散热器盖的功能有哪些？

_____

_____

_____

二、知识拓展

查阅资料，简述检查散热器密封性的方法和注意事项。

_____

_____

_____

任务四　冷却风扇零部件的拆检

【任务描述】

根据发动机维修手册的相关要求，对冷却系统有故障的车辆进行检修。在教师的指导下，认识发动机冷却系统的主要零部件并叙述其主要作用，对故障车辆的冷却风扇进行拆检。

【学习重点】

1. 查阅 JL476ZQCF 发动机维修手册（修订），列举发动机冷却风扇的拆检方法并进行操作。
2. 熟悉检查汽车冷却风扇所使用的工量具及仪器的名称、使用方法并正确使用。
3. 在作业过程中认真贯彻安全操作规程，做好过程记录。
4. 能合理回收废弃物、整理零部件、填写工作单。
5. 能对冷却风扇相关资料、资源进行检索。

【建议学时】

6学时。

【学习地点】

一体化工作站。

【学习准备】

JL476ZQCF 发动机维修手册（修订）、互联网学习资源、教学车辆、发动机台架、常用维修工量具、多媒体教学设备。

【学习过程】

一、相关知识

汽车冷却风扇是汽车发动机散热系统中的一个重要组成部分，它通过将空气送到发动机周围来降低发动机温度。

汽车冷却风扇是由风扇叶片、风扇电机、风扇外壳等组成的，其整体结构如图5-4-1所示。

汽车冷却风扇有轴流式和离心式两种。有些冷却风扇由电机驱动,也有一些由发动机直接带动。冷却风扇的工作是由散热器的热传感器信号控制的。

图5-4-1　冷却风扇整体结构

二、任务实施

（一）车上检查

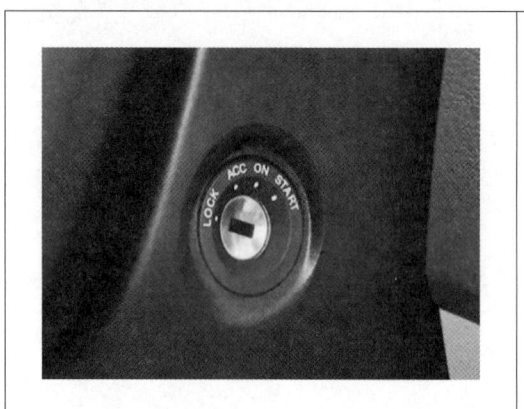

	（1）将点火开关调到ON位置。
	（2）检查冷却风扇是否停止转动。

续表

	（3）断开发动机冷却液温度传感器的连接插头。
	（4）检查冷却风扇是否旋转。

注意：启动发动机时一定不要接触风扇叶片。

（二）拆卸和检查

结合JL476ZQCF发动机维修手册（修订），按以下步骤拆卸冷却风扇。

	（1）排出散热器中的冷却液。
	（2）拆下空气管（进气）。

项目五　发动机冷却系统的检修　167

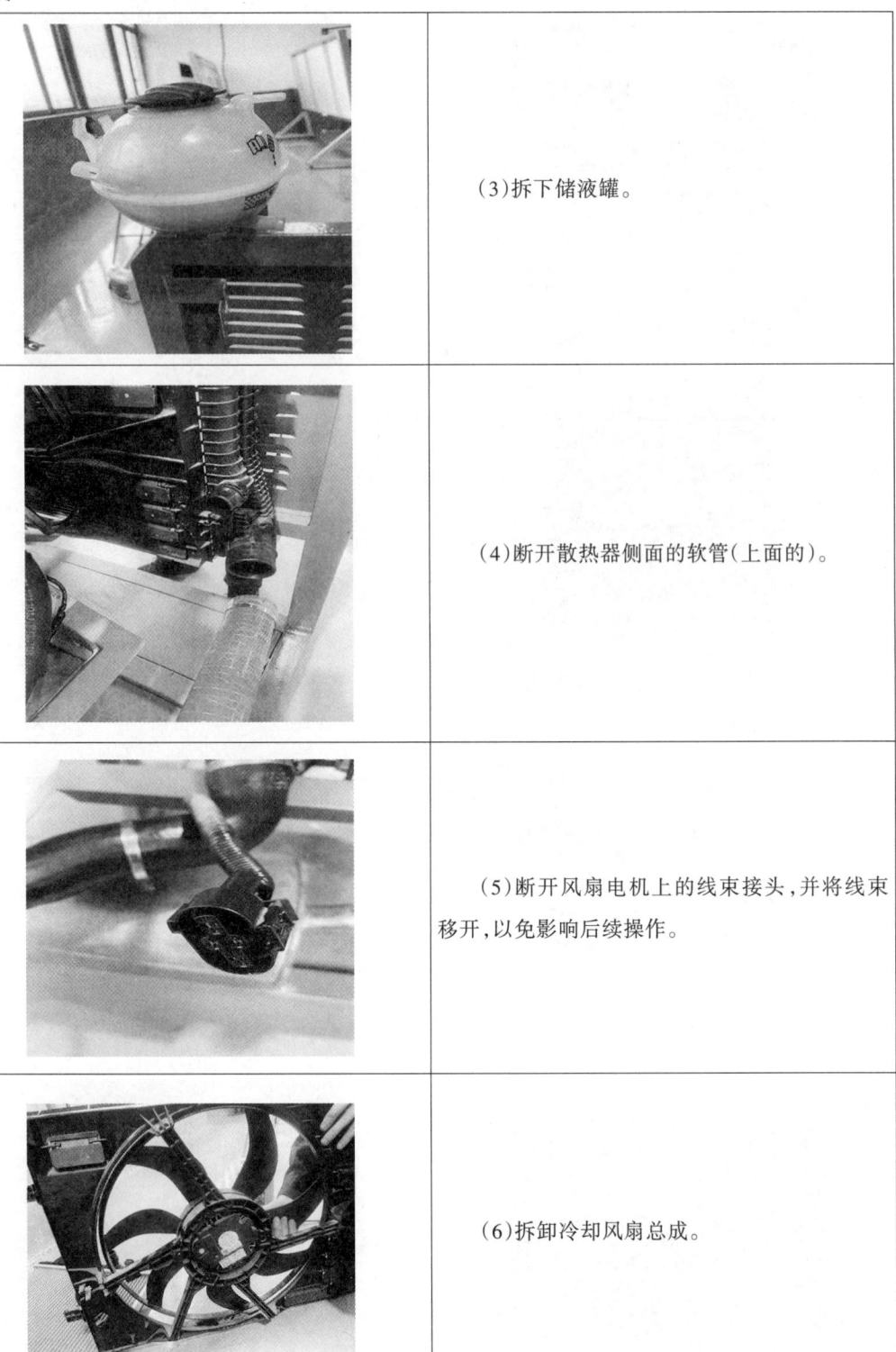

续表

	(3)拆下储液罐。
	(4)断开散热器侧面的软管(上面的)。
	(5)断开风扇电机上的线束接头,并将线束移开,以免影响后续操作。
	(6)拆卸冷却风扇总成。

续表

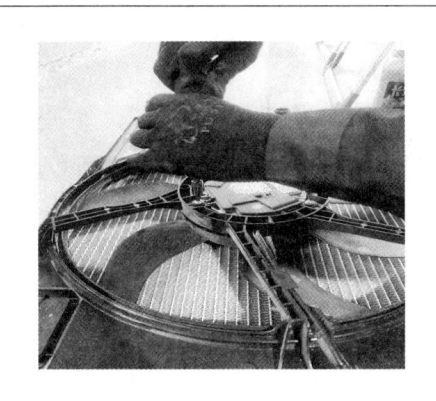	（7）从风扇电机上拆卸冷却风扇。
	（8）从护风罩上拆卸风扇电机。
	（9）检查冷却风扇有无裂纹或异常弯曲。

注意：
(1)应仔细检查冷却风扇有无裂纹、铆钉松动、叶片弯曲或松动。
(2)检查风扇电机并确保其安装牢固。

【学习评价】

学习评价表

评价项目	评价标准	学生自评 （优、良、中、差）	小组互评 （点赞数）	老师评估 （是否达成目标）
知识评价	1. 能列举发动机冷却风扇的拆检方法 2. 能描述拆检发动机冷却风扇的工量具及仪器			
能力评价	1. 能通过发动机维修手册和互联网查阅冷却风扇拆检相关资料 2. 能正确拆检发动机冷却风扇			
素质评价	1. 自主进行"8S"管理 2. 具有团队协作精神 3. 学习态度认真			
学习体会				

【反思与拓展】

一、问题反思

简述冷却风扇的功能以及如何对冷却风扇进行检测。

_____
_____
_____

二、知识拓展

硅油风扇与电动风扇的区别是什么？工作原理有何不同？哪种应用得比较广泛？

_____
_____
_____

任务五　节温器零部件的拆检

【任务描述】

根据发动机维修手册的相关要求,对冷却系统有故障的车辆进行检修。在教师的指导下,认识发动机冷却系统的主要零部件并叙述其主要作用,对故障车辆的节温器进行拆检。

【学习重点】

1.查阅 JL476ZQCF 发动机维修手册(修订),列举发动机节温器的拆检方法并进行操作。

2.熟悉检查汽车节温器所使用的工量具及仪器的名称、使用方法,并正确使用。

4.在作业过程中认真贯彻安全操作规程,并做好过程记录。

5.能合理回收废弃物、整理零部件、填写工作单。

6.能对节温器相关资料、资源进行检索。

【建议学时】

6学时。

【学习地点】

一体化工作站。

【学习准备】

JL476ZQCF 发动机维修手册(修订)、互联网学习资源、教学车辆、发动机台架、常用维修工量具、多媒体教学设备。

【学习过程】

一、相关知识

节温器是调整冷却系统大小循环的部件,当汽车刚启动时发动机温度较低,节温器关闭,冷却液只在机体内循环,这种情况下发动机会快速升温。当发动机温度上升到一定数值后,节温器打开,冷却系统进行大循环,对发动机进行降温。

平时在进行冷却系统的保养时,应注意清洗节温器上的水垢及污物。如果发现破损,应及时更换。

节温器发生故障,会导致发动机升温较慢,低速行驶时温度偏低,这一现象在冬季尤其突出。

二、任务实施

(一)节温器的拆卸

	(1)按正确操作方法拆下主进水管卡箍,从主进水管上拔下冷却液软管。
	(2)排放发动机冷却液。
	(3)从主进水管上拧下紧固螺栓。

续表

	(4)拆下主进水管。
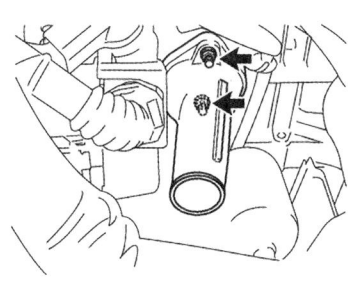	(5)拆卸进水口。
	(6)拆卸节温器。

注意:拆卸卡箍时不要损坏卡箍;冷却液要排放干净。

(二)节温器的检查

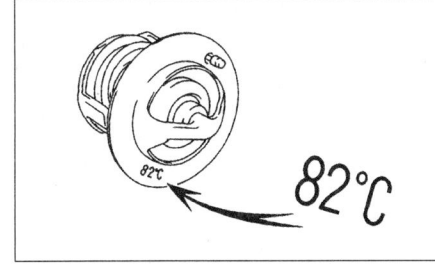	(1)节温器上记录了气门的开启温度,拆卸时要注意观察。

项目五　发动机冷却系统的检修　173

续表

图	说明
	(2)拆卸后检查节温器的开启温度。
	(3)检查气门升程。
	(4)检查节温器阀。

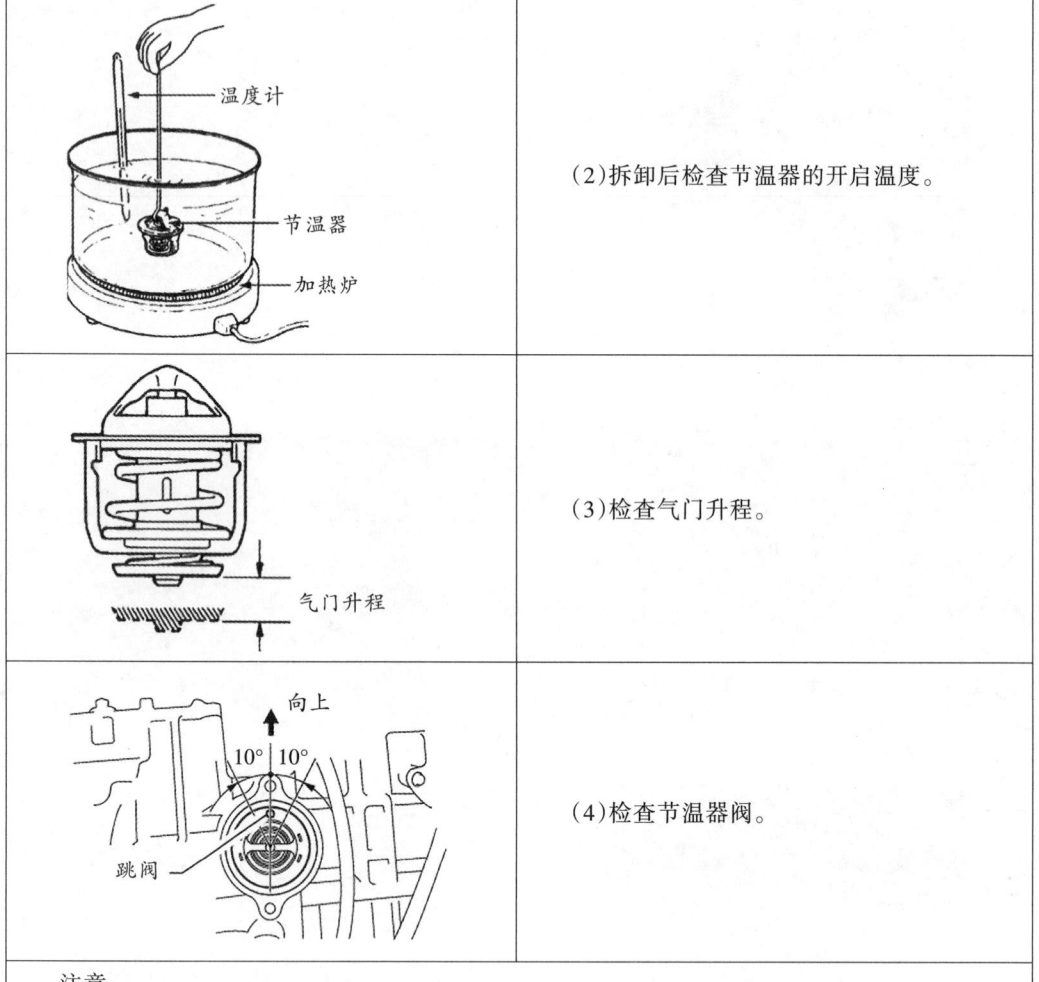

注意：

(1)将节温器放入热水中时要防止烫伤身体。

(2)将合格的节温器清洗后放在热水中加热，用量程为100 ℃的温度计测量温度，温度达到82 ℃时节温器阀门开启表示其性能良好。

(3)节温器有低温和高温两种。用钳子夹住节温器检查主阀门全开时的最大升程与标准升程。低温型的，温度在80~84 ℃时阀门开始开启，在95 ℃时开度应大于8 mm；高温型的，在86~90 ℃时阀门开始开启，在100 ℃时开度应为8 mm。如果节温器在常温下开启或在冷态时关闭不严密，都应更换节温器。

(4)节温器故障不一定都是节温器损坏造成的，也可能是节温器的密封垫老化变形引起的。

（三）节温器的安装

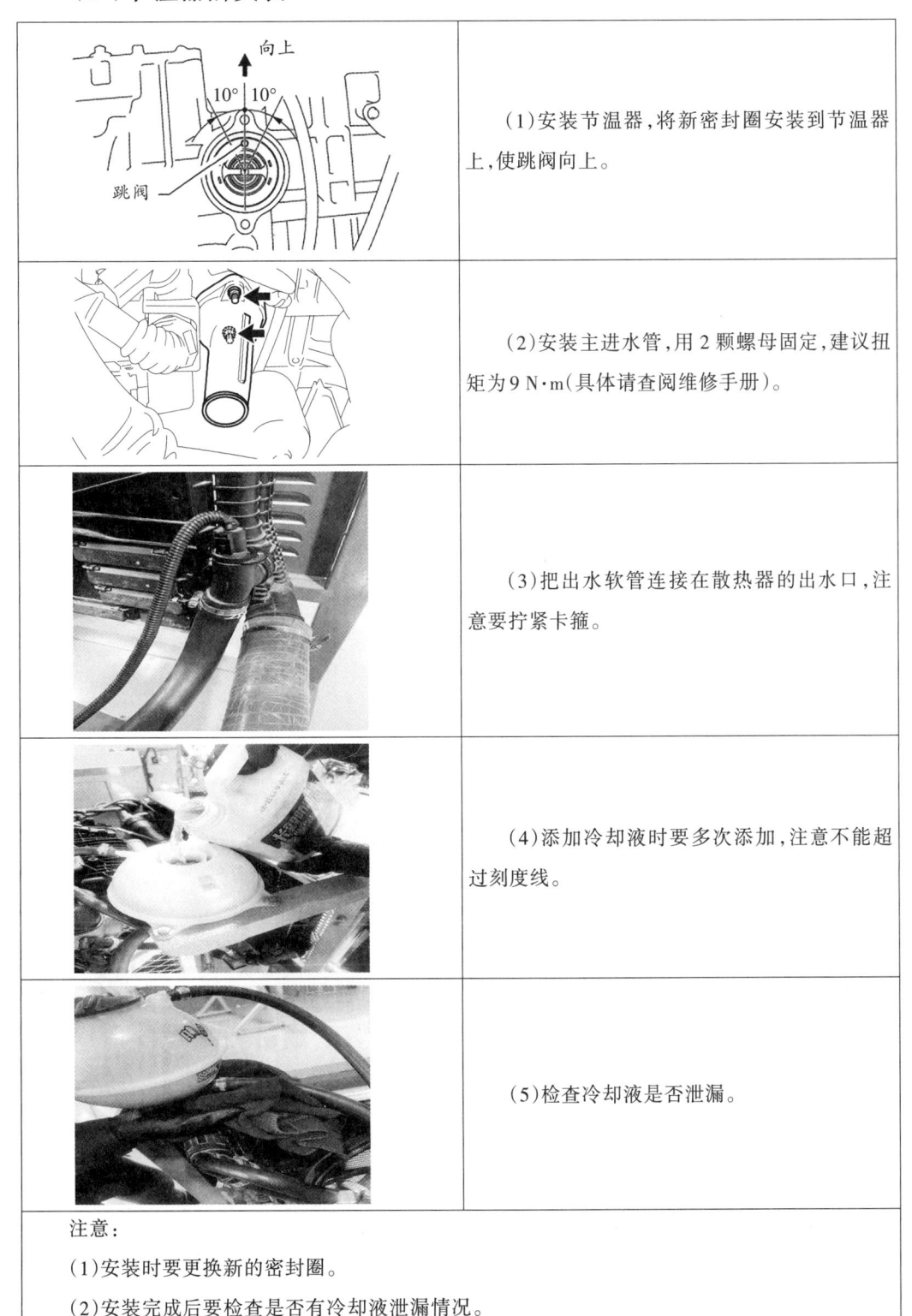

	（1）安装节温器,将新密封圈安装到节温器上,使跳阀向上。
	（2）安装主进水管,用2颗螺母固定,建议扭矩为9 N·m(具体请查阅维修手册)。
	（3）把出水软管连接在散热器的出水口,注意要拧紧卡箍。
	（4）添加冷却液时要多次添加,注意不能超过刻度线。
	（5）检查冷却液是否泄漏。

注意：
(1)安装时要更换新的密封圈。
(2)安装完成后要检查是否有冷却液泄漏情况。

【学习评价】

学习评价表

评价项目	评价标准	学生自评 （优、良、中、差）	小组互评 （点赞数）	老师评估 （是否达成目标）
知识评价	1.能列举发动机节温器的拆检方法 2.能描述拆检发动机节温器的工量具及仪器			
能力评价	1.能通过发动机维修手册和互联网等途径查阅节温器检修相关资料 2.能正确拆检发动机节温器			
素质评价	1.自主进行"8S"管理 2.具有团队协作精神 3.学习态度认真			
学习体会				

【反思与拓展】

一、问题反思

现代汽车上广泛应用的是哪种节温器？冷却系统的哪些部件易损坏？

_____
_____
_____

二、知识拓展

观察节温器跳阀的形状，检索相关资料，说明它的作用。

_____
_____
_____

任务六　水泵零部件的拆检

【任务描述】

根据发动机维修手册的相关要求，对冷却系统有故障的车辆进行检修。在教师的指导下，认识发动机冷却系统的主要零部件并叙述其主要作用，对故障车辆的水泵零部件进行拆检。

【学习重点】

1. 查阅 JL476ZQCF 发动机维修手册（修订），列举水泵零部件的拆检方法并进行操作。
2. 熟悉检查水泵所使用的工量具及仪器的名称、使用方法，并正确使用。
3. 在作业过程中落实安全操作规程的要求，并做好过程记录。
4. 能合理回收废弃物、整理零部件、填写工作单。
5. 能对发动机水泵相关资料、资源进行检索。

【建议学时】

6学时。

【学习地点】

一体化工作站。

【学习准备】

JL476ZQCF发动机维修手册（修订）、互联网学习资源、教学车辆、发动机台架、常用维修工量具、多媒体教学设备。

【学习过程】

一、相关知识

汽车发动机广泛采用离心式水泵，其由水泵壳体、连接盘或皮带轮、水泵轴、水泵叶轮和水封装置等构成，是汽车的主要组成部分。

二、任务实施

（一）拆卸水泵前的准备工作

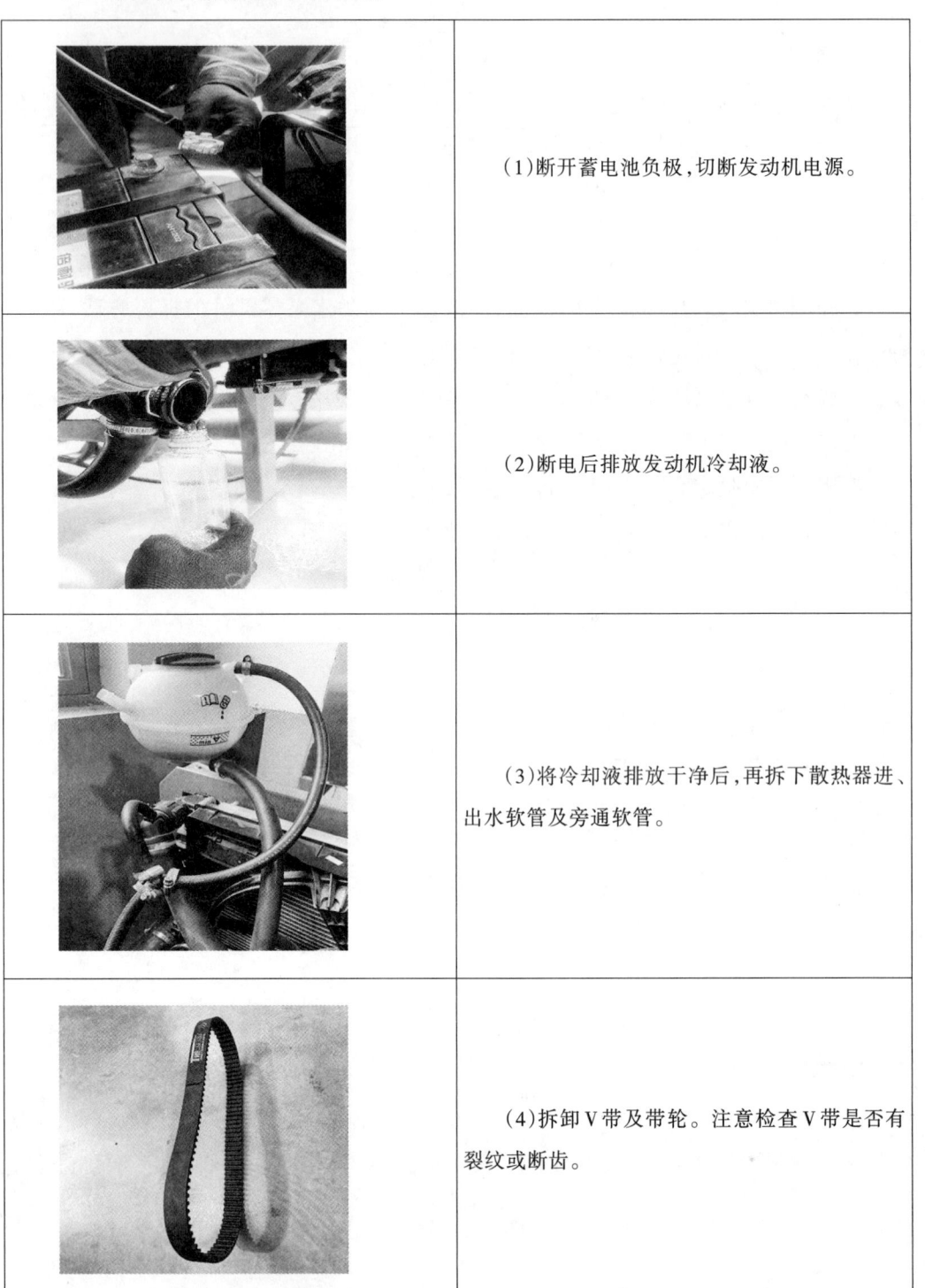

	（1）断开蓄电池负极，切断发动机电源。
	（2）断电后排放发动机冷却液。
	（3）将冷却液排放干净后，再拆下散热器进、出水软管及旁通软管。
	（4）拆卸V带及带轮。注意检查V带是否有裂纹或断齿。

续表

	(5)拆下发电机总成。
	(6)拆卸水泵皮带轮。拆卸顺序要正确,将卸下的组件按规定顺序摆放整齐,防止损坏。

(二)拆卸水泵总成

	(1)从水泵上拆卸曲轴位置传感器的卡箍。从卡箍支架上断开曲轴位置传感器的导线。
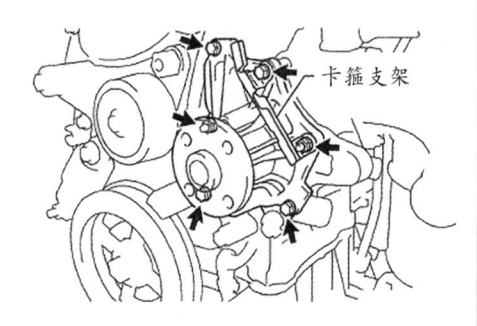	(2)拆卸4个螺栓、2个螺母和卡箍支架。注意:拆卸螺栓的顺序要正确。

项目五 发动机冷却系统的检修

续表

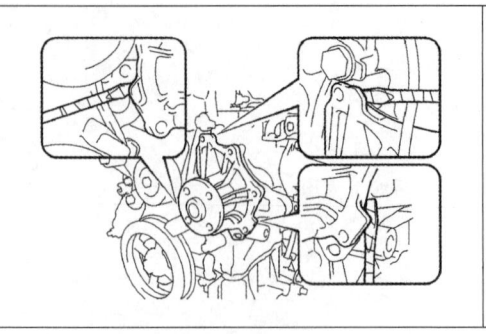	(3)用旋具在水泵和气缸体之间撬动,然后拆卸水泵总成。撬动时要注意安全。

(三)检查水泵总成

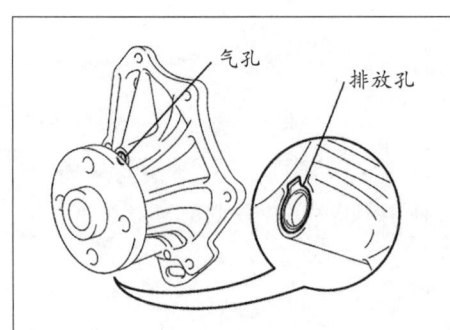	(1)用肉眼检查排放孔和气孔是否有冷却液泄漏。
	(2)转动皮带轮,检查水泵轴承转动是否平稳且没有"咔嗒"声。如果转动不平稳且有异响,就要更换水泵总成。
	(3)用肉眼检查水泵体与叶片上是否有明显的水垢或锈迹。如果有,则进行清洗。 确保叶片轴没有松动,用手转动时很平顺。如果水泵叶片卡死,则需要更换水泵。

续表

	(4)拆卸接触表面上的任何密封材料。
	(5)在涂抹线内连续涂密封材料,并安装水泵部件。
	(6)加注发动机冷却液。
	(7)检查冷却液是否泄漏。

注意:
(1)该过程应检查水泵皮带轮是否灵活转动,水泵叶片是否完好、是否有锈迹。如果有锈迹就进行清洗,如果水泵叶片卡死就需要更换。
(2)安装时要更换新的水泵密封圈。

【学习评价】

学习评价表

评价项目	评价标准	学生自评 （优、良、中、差）	小组互评 （点赞数）	老师评估 （是否达成目标）
知识评价	1. 能列举发动机水泵的拆检方法 2. 能描述拆检发动机水泵所使用的工量具及设备			
能力评价	1. 能通过发动机维修手册和互联网等途径查阅发动机水泵检修的相关资料 2. 能正确拆检发动机水泵			
素质评价	1. 自主进行"8S"管理 2. 具有团队协作精神 3. 学习态度认真			
学习体会				

【反思与拓展】

一、问题反思

安装水泵时应该如何拧紧螺栓？写出你的安装方法及顺序。

_____

_____

_____

二、知识拓展

通过检索资料，了解水泵总成排放孔、气孔的作用。如果没有它们，会产生什么结果？

_____

_____

_____

任务七　冷却液温度传感器零部件的拆检

【任务描述】

根据汽车维修手册的相关要求,对冷却系统有故障的车辆进行拆检。在教师的指导下,认识发动机冷却系统的主要零部件并叙述其主要作用,对故障车辆的冷却液温度传感器进行拆检。

【学习重点】

1. 查阅JL476ZQCF发动机维修手册(修订),列举发动机冷却液温度传感器的拆检方法并进行操作。

2. 熟悉检查冷却液温度传感器所使用的工量具及仪器的名称、使用方法,并正确使用。

3. 在作业过程中认真落实安全操作规程的要求,并做好过程记录。

4. 能合理回收废弃物、整理零部件、填写工作单。

5. 能对冷却液温度传感器相关资料、资源进行检索。

【建议学时】

6学时。

【学习地点】

一体化工作站。

【学习准备】

JL476ZQCF发动机维修手册(修订)、互联网学习资源、教学车辆、发动机台架、常用维修工量具、多媒体教学设备。

【学习过程】

一、相关知识

1. 冷却液温度传感器的工作原理及作用

发动机冷却液温度传感器安装在发动机缸体或缸盖的水套上,与冷却液接触,用来检测发动机的冷却液温度。冷却液温度传感器的内部是一个半导体热敏电阻,它具有负温度电阻系数的特性。水温越低,电阻越大;水温越高,电阻越小。传感器感知到冷却液温度的变化后,将这种变化通过电路转化为电信号输送给ECU,ECU根据输入的电信号即冷却液温度的变化信号,对发动机的喷油量及喷油时间等进行修正,同时调整空燃比,使发动机工作良好。

2.传感器信号与冷却风扇控制的关系

传感器	输入信号至发动机控制模块	发动机控制模块的功能
曲轴位置传感器(位置) 凸轮轴位置传感器(相位)	发动机转速	冷却风扇控制
蓄电池	蓄电池电压	
车轮传感器	车速	
冷却液温度传感器	冷却液温度	
空调开关	空调ON信号	
制冷剂压力传感器	制冷剂压力	

二、任务实施

(一)冷却液温度传感器的拆卸

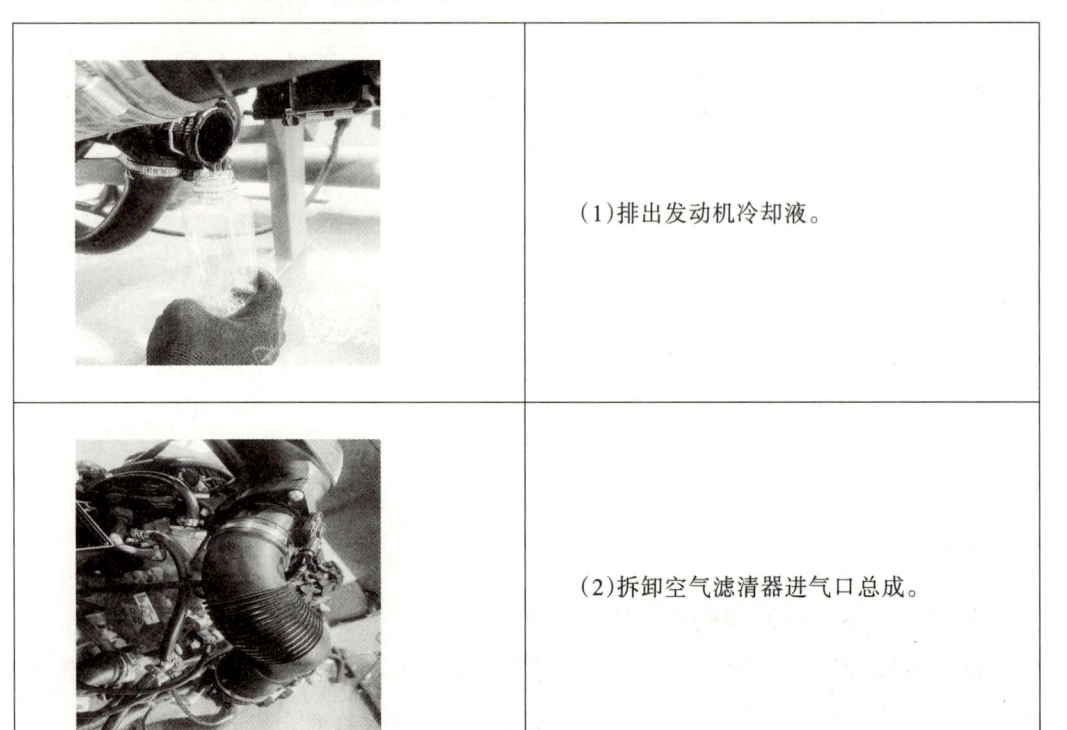

	(1)排出发动机冷却液。
	(2)拆卸空气滤清器进气口总成。

续表

	(3)拆卸空气滤清器盖分总成。
	(4)拆卸空气滤清器壳体分总成。
	(5)断开发动机冷却液温度传感器的导线连接器。
	(6)用专用工具拆卸发动机冷却液温度传感器和垫片。

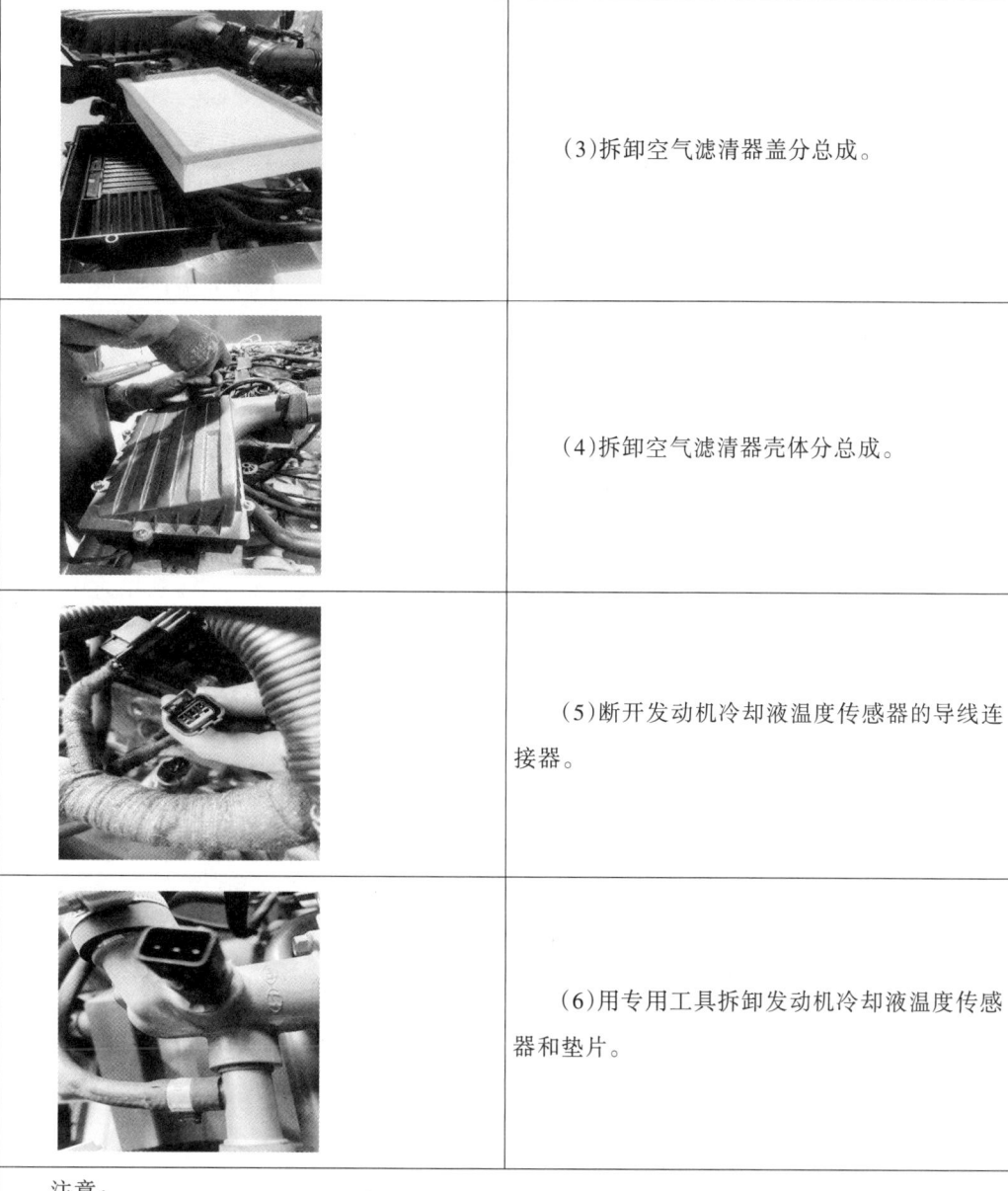

注意：
(1)将空气滤清器拆卸后要检查滤清器是否合格。
(2)拆卸冷却液温度传感器接头的时候不要损坏接头。

(二)元件的检查

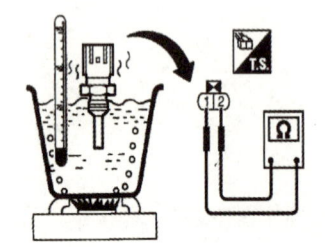

拔下冷却液温度传感器的导线连接器,然后从发动机上拆下传感器;将该传感器置于烧杯内的水中,加热杯中的水,同时用万用表欧姆挡测量在不同水温条件下冷却液温度传感器两个接线端子间的电阻值。将测得的值与标准值相比较。如果不符合标准,则应更换冷却液温度传感器。

参考数据:

温度°C(°F)	电阻值kΩ
20(68)	2.1~2.9
50(122)	0.68~1.00
90(194)	0.236~0.260

(三)冷却液温度传感器的安装

(1)安装冷却液温度传感器。
(2)安装空气滤清器壳体分总成。
(3)安装空气滤清器盖分总成。
(4)安装空气滤清器进气口总成。
(5)添加发动机冷却液。
(6)检查冷却液是否泄漏。

注意:
(1)安装顺序要正确。
(2)安装完后要添加冷却液到规定的数量范围之内。

【学习评价】

学习评价表

评价项目	评价标准	学生自评 （优、良、中、差）	小组互评 （点赞数）	老师评估 （是否达成目标）
知识评价	1.能列举冷却液温度传感器的拆检方法 2.能描述拆检冷却液温度传感器所使用的工量具			
能力评价	1.能通过发动机维修手册和互联网等途径查阅冷却液温度传感器检修的相关资料 2.能正确拆检冷却液温度传感器			
素质评价	1.自主进行"8S"管理 2.具有团队协作精神 3.学习态度认真			
学习体会				

【反思与拓展】

一、问题反思

查阅发动机维修手册，说明冷却液温度传感器有多少个连接导线。安装冷却液温度传感器时，扭矩应该是多少？

_____
_____
_____

二、知识拓展

冷却液温度传感器有时也采用具有正温度系数特性的电阻，查阅相关资料说明温度与电阻的关系。

_____
_____
_____

任务八 单元测验

机型：JL476ZQCF发动机

模块竞赛时间：60分钟

选手参赛号	国家代码	模块	翻译后语言
	CN	C	CN

竞赛说明：参照下列顺序完成各项工作。

作业说明
C1　根据工业标准规范地完成发动机水温高故障检修
C2　检测冷却系统故障，在维修前，要向裁判报告所发现的故障
C3　检测冷却系统散热器故障，维修故障之前，要向裁判报告所发现的故障
C4　检测冷却系统冷却风扇故障，维修故障之前，要向裁判报告所发现的故障
C5　检测冷却系统节温器故障，维修故障之前，要向裁判报告所发现的故障
C6　检测冷却系统水泵故障，维修故障之前，要向裁判报告所发现的故障
C7　检测冷却液温度传感器故障，维修故障之前，要向裁判报告所发现的故障

注意事项及要求：

（1）选手要先报告后检修，这样才能有逻辑地检修作业对象。由裁判决定是否维修，同意后再修，否则不得分。

（2）选手发现故障后一定要在电路图上指出，并说明其功用。

（3）选手应把故障以"元件+脚号+原因"或"元件原因"或"线路原因"的形式记录。

报告单

序号	故障内容	更换	维修	备注
1				
2				
3				
4				
5				

续表

序号	故障内容	更换	维修	备注
6				
……				

竞赛评分表

选手参赛号		裁判签字			
竞赛机型		JL476ZQCF发动机			
任务时长	60分钟	实际用时			
项目	序号	标准描述	分值	是/否完成	得分
安全与规范 （10分）	1	检查工具、维修手册是否齐备	2		
	2	车辆防护：车内三件套、车外三件套、拉手制动、车轮挡块、尾气抽排管	2		
	3	检查机油、刹车油、冷却液	2		
	4	检查电瓶，测量电瓶静态电压	2		
	5	完工后清理工作场地	2		
检修发动机水温高故障 （8分）	1	报告故障现象（发动机水温高）	2		
	2	检测发动机冷却液是否符合标准	3		
	3	检查冷却系统管路的情况	3		
检修冷却系统散热器故障 （22分）	1	检查散热器叶片是否堵塞	2		
	2	检测散热器传感器	2		
	3	断开蓄电池负极端子	2		
	4	排出散热器中的冷却液	2		
	5	断开线束接头	2		
	6	从车身上拆下散热器总成	3		
	7	拆卸散热器总成	3		
	8	从散热器总成上分离冷凝器总成	3		
	9	拆卸带马达的风扇总成	3		

续表

项目	序号	标准描述	分值	是/否完成	得分
检修冷却系统冷却风扇故障（12分）	1	检查冷却风扇是否停止转动	3		
	2	断开与冷却液温度传感器的连接器	3		
	3	检查冷却风扇是否旋转	3		
	4	检查冷却风扇有无裂纹或异常弯曲	3		
检修冷却系统节温器故障（18分）	1	按正确操作步骤拆下主进水管卡箍，从主进水管上拔下冷却液软管	3		
	2	排放发动机冷却液	3		
	3	拆下主进水管	3		
	4	拆卸进水口	3		
	5	拆卸节温器	3		
	6	检查节温器	3		
检修冷却系统水泵故障（18分）	1	拆下散热器进、出水软管及旁通软管	3		
	2	拆卸V带及带轮	3		
	3	拆下发电机总成	3		
	4	拆卸水泵皮带轮	3		
	5	拆卸水泵总成	3		
	6	检查水泵总成	3		
检修冷却液温度传感器故障（12分）	1	从发动机上拆卸冷却液温度传感器	3		
	2	断开冷却液温度传感器的连接器	3		
	3	用专用工具拆解冷却液温度传感器和垫片	3		
	4	检查冷却液温度传感器	3		
		总分	100		

项目六　发动机机油故障灯亮的拆检

【项目目标】

知识目标

1. 能独立对润滑系统进行分解；
2. 能独立对润滑系统的零部件进行检测并做出是否可用的判定；
3. 能独立对润滑系统进行维护保养；
4. 能独立按标准参数和规范流程对润滑系统进行组装。

技能目标

1. 能按照 JL476ZQCF 发动机维修手册（修订）的要求，正确使用工具对发动机润滑系统进行拆装和检测；
2. 熟悉发动机润滑系统的检修工量具与仪器的种类、使用方法，并能正确选用；
3. 能向组员列举润滑系统拆卸、清洗、装配的步骤与方法，并在规定时间内完成操作，做好过程记录；
4. 能对发动机机油故障灯亮的相关资料进行检索，完成工作单的填写。

素质目标

1. 养成良好的纪律意识、安全意识、环保意识；
2. 养成良好的清洁习惯和互帮互助的品德。

【项目准备】

常用工具：梅花扳手、套筒扳手、扭力扳手、开口扳手、风动工具、发动机修理包等。

设备：多媒体教学设备、白板和展示板、发动机翻转架、工具车、零件车、接油盆等。

常用量具：万用表、千分尺、塞尺、游标卡尺等。

专用工具：诊断仪。

油料、材料：机油、润滑脂、清洗液等。

资料：JL476ZQCF 发动机维修手册（修订）、维修工单、安全操作规程。

【工作流程】

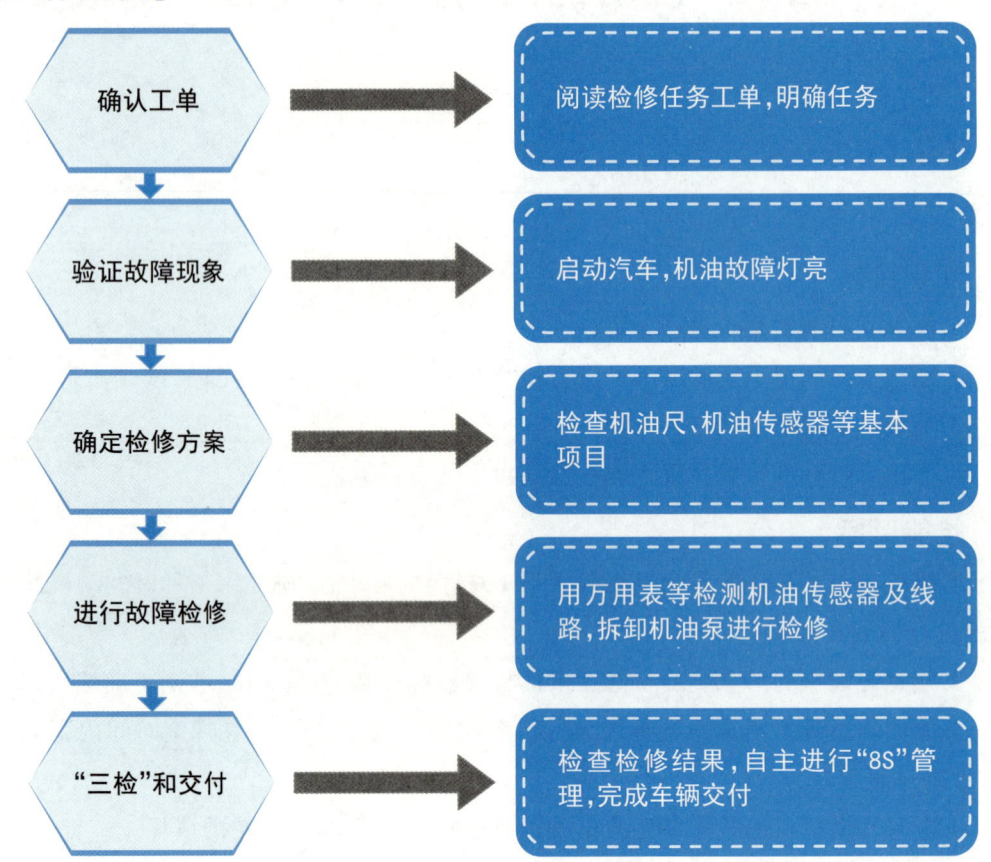

确认工单	阅读检修任务工单,明确任务
验证故障现象	启动汽车,机油故障灯亮
确定检修方案	检查机油尺、机油传感器等基本项目
进行故障检修	用万用表等检测机油传感器及线路,拆卸机油泵进行检修
"三检"和交付	检查检修结果,自主进行"8S"管理,完成车辆交付

任务一　发动机润滑系统结构及功能的认知

【任务描述】

通过本次学习,能正确选用机油牌号,独立分析润滑系统的简单故障及进行故障检修,掌握润滑系统的组成及作用。

【学习重点】

1.掌握润滑系统的基本组成。
2.掌握润滑系统的作用。
3.能判断机油压力过低或过高故障的原因。

【建议学时】

6学时。

【学习地点】

一体化工作站。

【学习准备】

JL476ZQCF发动机维修手册(修订)、教学车辆、多媒体教学设备。

【学习过程】

一、相关知识

发动机润滑系统是发动机的重要组成部分,其主要功能是减少零部件的摩擦和磨损,保证发动机内部各部件正常运转,并冷却和清洗发动机。发动机润滑系统的组成主要包括:

1.润滑油:是发动机润滑系统的核心部分,在发动机内部形成一层薄膜,减少金属部件之间的摩擦和磨损。同时还起到冷却和清洗发动机的作用。

2.润滑油泵:负责将润滑油从油底壳抽取,并通过压力将其送到发动机各个部位。润滑油泵通常由齿轮或螺杆机构驱动,以提供足够的润滑油压力。

3.润滑油滤清器:用于过滤润滑油中的杂质,防止杂质进入发动机内部。滤清器通常采用滤纸、滤网或其他材料,可以根据需要更换或清洗。

4.润滑油冷却器:用于降低润滑油的温度,以保证其在适宜的工作温度范围内循环。冷却器通常与发动机冷却系统相连,通过冷却介质(如冷却液)将热量带走。

5.润滑油稳压阀:用于维持润滑系统中的恒定压力。它根据润滑系统的需求,调节润滑油泵的输出压力,以确保能将润滑油正常供给各部件。

6.润滑油系统传感器和仪表:用于监测润滑油的压力、温度和油位等参数,以确保润滑系统的正常运行和及时维护。

发动机润滑系统的维护对延长发动机寿命和增强发动机性能至关重要。定期更换润滑油和滤清器,保持润滑油的质量和性能良好,是确保发动机长期稳定运行的重要措施。

二、任务实施

(一)发动机润滑系统的组成

1.发动机润滑系统的结构

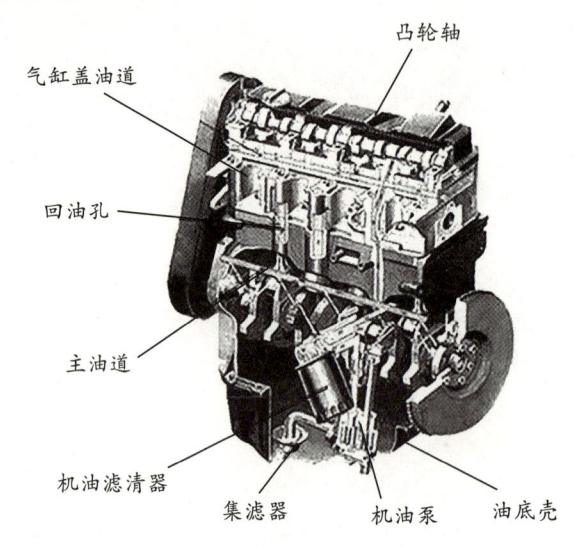

图6-1-1 发动机润滑系统的结构

(1)对图6-1-1中未标注的部件标注序号,将序号对应的部件名称填在下表中。

序号	部件名称	序号	部件名称
1		6	
2		7	
3		8	
4		9	
5		……	

(2)图中所示是何种润滑形式?

(3)简述发动机润滑系统的工作原理。

2.发动机润滑油路(图6-1-2)分析

(1)图中所示是哪种润滑形式?

(2)描述其工作原理,说明它与大众迈腾发动机润滑系统有何不同。

(3)简述发动机润滑系统的作用。

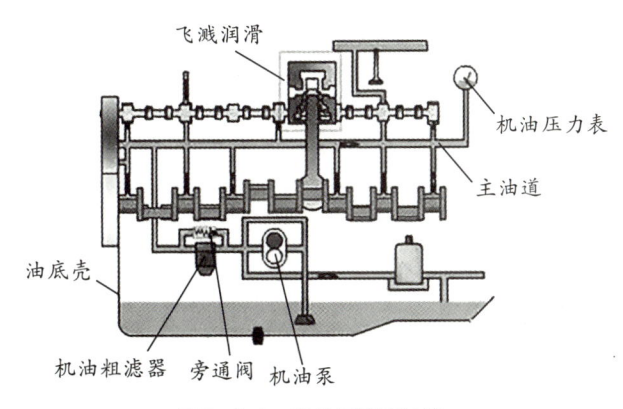

图6-1-2 发动机润滑油路

(二)发动机润滑系统故障分析

润滑系统出现以下问题会产生哪些后果,在下表中进行说明。

问题	后果
集滤器阻塞	
机油泵关闭	
机油泵耗损	
机油压力开关变脏	
润滑缝隙(轴承间隙)过大	

续表

问题	后果
单向阀(或旁通阀、限压阀、安全阀等)关闭不严	

(三)成果展示

以小组为单位画一张润滑系统的工作原理简图,并向其他组成员展示及说明。

【学习评价】

学习评价表

评价项目	评价标准	学生自评 (优、良、中、差)	小组互评 (点赞数)	老师评估 (是否达成目标)
知识评价	1.能描述发动机润滑方式 2.掌握发动机润滑系统的组成、作用、工作原理及检测方法			
能力评价	1.能通过发动机维修手册及互联网等途径查阅润滑系统相关资料 2.能按照维修手册正确使用相关工具对润滑系统进行维修			
素质评价	1.自主进行"8S"管理 2.具有团队协作精神 3.学习态度认真			
学习体会				

【反思与拓展】

一、问题反思

常见的发动机润滑系统有几种?各自的压力监控点有几处?

_____

_____

二、知识拓展

为什么有的发动机润滑系统有两个监控点,有的只有一个?

_____

_____

任务二　发动机机油压力的检测

【任务描述】

一辆轿车的发动机在正常温度下怠速运行,机油压力指示灯点亮,并发出异常声响。经过检查机油油位、更换机油滤清器和机油,怠速运行时机油压力指示灯依旧点亮。

【学习重点】

1. 掌握检测机油压力的方法。
2. 正确检测机油压力并判断是否正常。
3. 分析机油压力过低或过高故障的原因。

【建议学时】

6学时。

【学习地点】

一体化工作站。

【学习准备】

JL476ZQCF发动机维修手册(修订)、互联网学习资源、教学车辆、多媒体教学设备。

【学习过程】

一、相关知识

机油压力故障是由机油油量不足或者泄漏等引起的。如果机油泵因机油量少而减小泵油量或者因进入空气而泵不上油,机油压力就会下降,这样就会导致曲轴与轴承、缸套与活塞由于润滑不良而加剧磨损。因此当车辆的机油压力指示灯亮起时,应对机油压力等进行检查,确认故障并维修。

二、任务实施

按以下步骤测试机油压力。

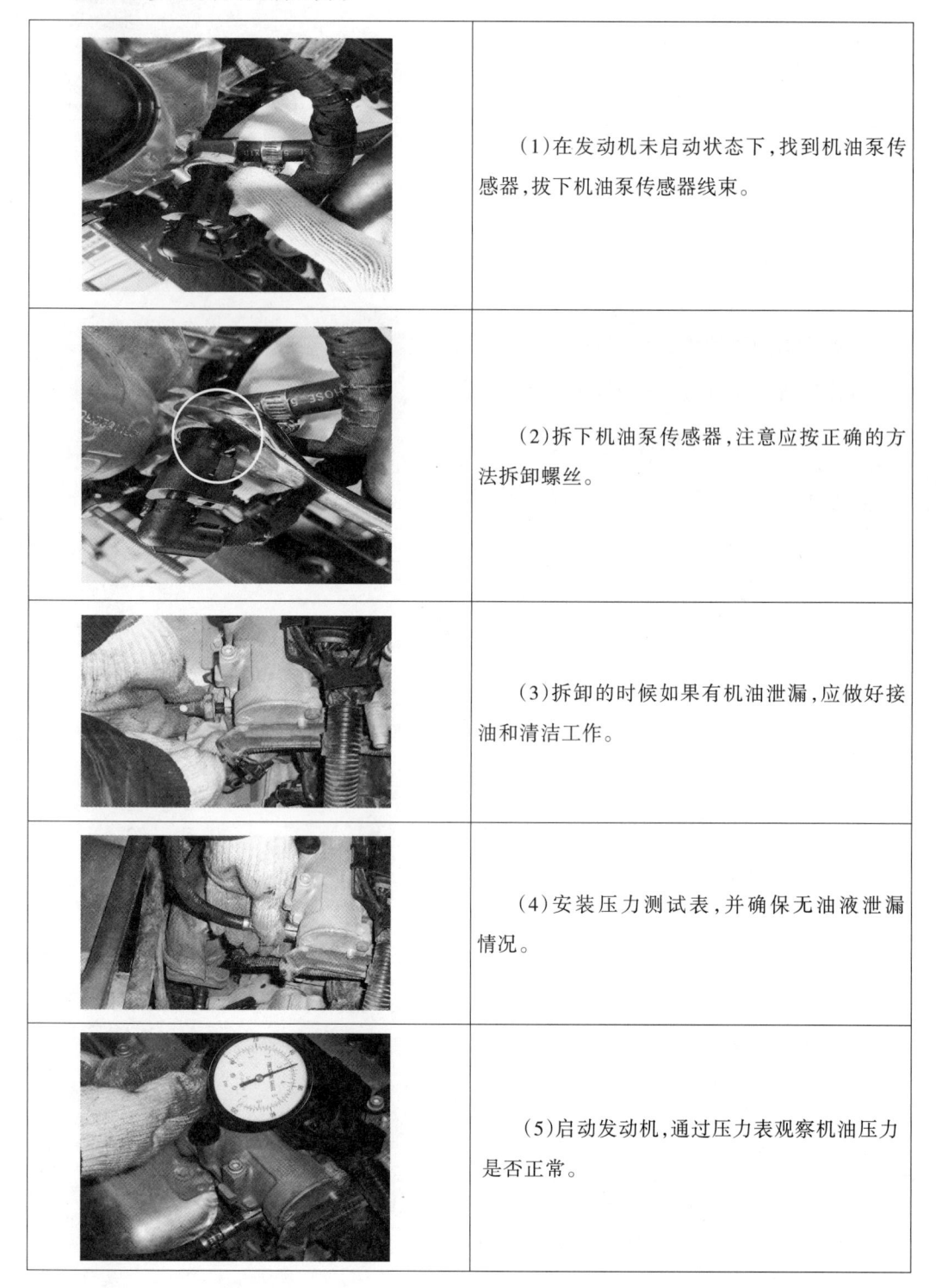

	（1）在发动机未启动状态下，找到机油泵传感器，拔下机油泵传感器线束。
	（2）拆下机油泵传感器，注意应按正确的方法拆卸螺丝。
	（3）拆卸的时候如果有机油泄漏，应做好接油和清洁工作。
	（4）安装压力测试表，并确保无油液泄漏情况。
	（5）启动发动机，通过压力表观察机油压力是否正常。

【学习评价】

学习评价表

评价项目	评价标准	学生自评 (优、良、中、差)	小组互评 (点赞数)	老师评估 (是否达成目标)
知识评价	1. 能正确检测机油压力并判断是否正常 2. 掌握检测机油压力的步骤 3. 能分析产生机油压力过低或过高故障的原因			
能力评价	1. 能通过发动机维修手册和互联网等途径查阅机油压力检测相关资料 2. 能按照发动机维修手册的相关标准检测机油压力			
素质评价	1. 自主进行"8S"管理 2. 具有团队协作精神 3. 学习态度认真			
学习体会				

【反思与拓展】

一、问题反思

在测量机油压力的过程中,若测压表接头的拧紧力矩过大,会使接头折断,如图6-2-1所示。同样地,安装压力传感器时用力应合适,那么力矩值应该多大?应注意些什么?

图6-2-1 测压表接头折断

二、知识拓展

发动机刚启动时与启动后正常工作时测得的机油压力一样吗？为什么？

任务三　机油泵零部件的认知及拆检

【任务描述】

通过本次学习,掌握机油泵的工作原理,了解机油泵的组成,能独立检修机油泵的各种故障。

【学习重点】

1. 能正确拆卸机油泵。
2. 能独立检修机油泵的各种故障。
3. 能正确复装机油泵。

【建议学时】

6学时。

【学习地点】

一体化工作站。

【学习准备】

JL476ZQCF发动机维修手册(修订)、互联网教学资源、教学车辆、多媒体教学设备。

【学习过程】

一、相关知识

机油泵的作用是将机油提高到一定压力后,强制性地压送到发动机各零件的运动表面。机油泵按结构形式可以分为齿轮式和转子式两类。齿轮式机油泵又分为内齿轮式和外齿轮式。

(一)齿轮式机油泵

1.外齿轮式机油泵(图6-3-1)

外齿轮式机油泵壳体内装有一个主动齿轮和一个从动齿轮。齿轮与壳体内壁之间的间隙很小,壳体上有进油口。发动机工作时,齿轮旋转,进油腔的容积由于轮齿向脱离啮合方向运动而增大,腔内产生一定的真空度,机油便从进油口被吸入并充满进油腔。齿轮旋转时把齿间所存的机油带至出油腔内。由于出油腔一侧的轮齿进入啮合状态,出油腔容积减小,油压升高,机油便经出油口被送到发动机油道中。

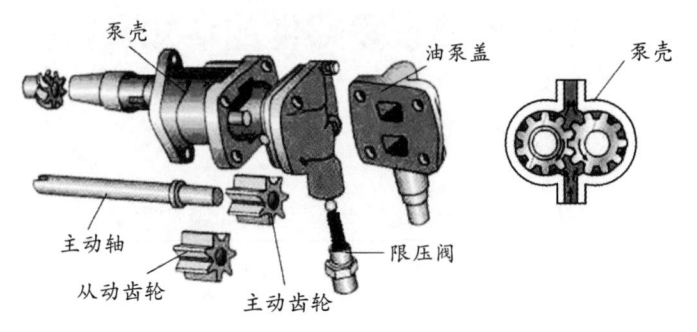

图6-3-1　外齿轮式机油泵

2.内齿轮式机油泵(图6-3-2)

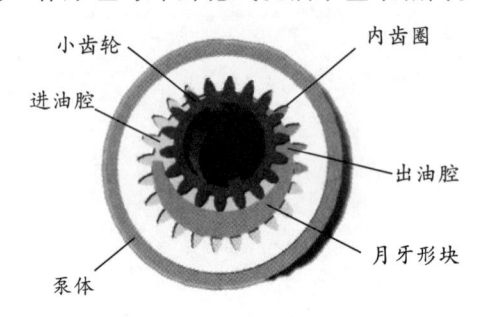

内齿轮式机油泵的工作原理与外齿轮式机油泵基本相同。

图6-3-2　内齿轮式机油泵

(二)转子式机油泵(图6-3-3)

转子式机油泵由泵体、内转子、外转子和泵盖等组成。内转子用键或销固定在传动轴上,由曲轴齿轮直接或间接驱动,内转子中心与外转子中心有一定的偏心距,内转子带动外转子一起沿同一方向转动。转子式机油泵工作过程如图6-3-4所示。

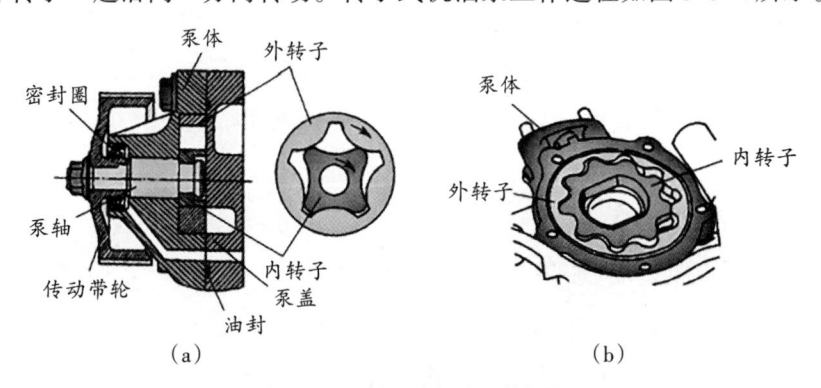

图6-3-3　转子式机油泵结构图

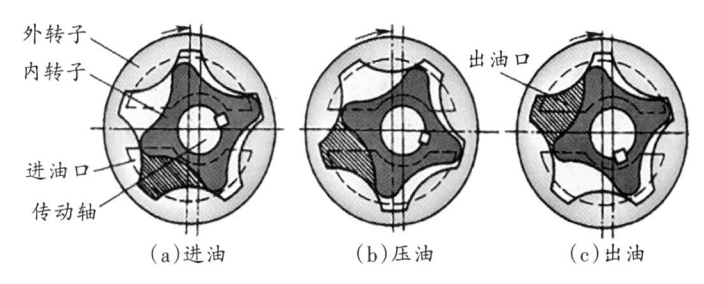

图6-3-4 转子式机油泵工作过程

(a)进油　(b)压油　(c)出油

标注：外转子、内转子、进油口、传动轴、出油口

二、任务实施

按以下步骤拆卸机油泵。

图示	步骤说明
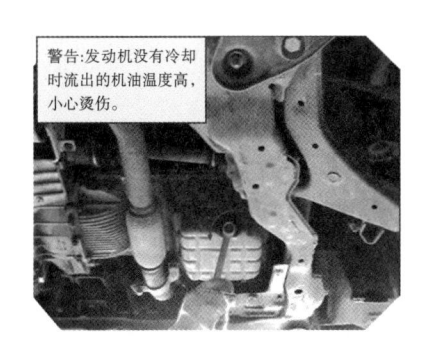 警告：发动机没有冷却时流出的机油温度高，小心烫伤。	（1）发动机冷却后，旋转放油塞螺栓，放掉机油。注意：发动机没有冷却时流出的机油温度高，小心烫伤。
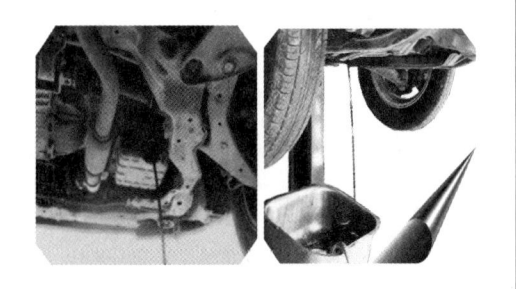	（2）将机油收集到回收桶。
	（3）拆卸机油泵。

项目六　发动机机油故障灯亮的拆检　203

续表

	（4）机油泵解体。
	（5）检查机油泵内部结构。
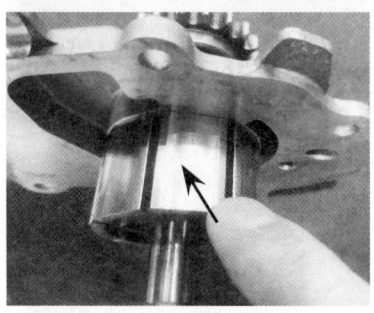	（6）检查机油泵齿轮及其他零部件是否损坏。

续表

	(7)复装过程中清除各零部件表面的杂质；润滑运动零部件,注意零部件不能掉落以免摔坏。复装完成后转动机油泵,检查转动是否正常、零部件是否异响,如有以上情况,进行重新检查。

【学习评价】

学习评价表

评价项目	评价标准	学生自评 （优、良、中、差）	小组互评 （点赞数）	老师评估 （是否达成目标）
知识评价	能通过发动机维修手册和互联网等途径查阅机油泵检修相关资料			
能力评价	1.能正确拆卸机油泵,取下机油泵零部件 2.能独立检修机油泵的各种故障 3.能正确复装机油泵			
素质评价	1.自主进行"8S"管理 2.具有团队协作精神 3.学习态度认真			
学习体会				

【反思与拓展】

一、问题反思

机油泵检修的重要内容及注意事项是什么？

_____
_____
_____

二、知识拓展

查阅发动机维修手册及其他资料，针对以下 2 个故障设计检修方案：

(1) 润滑系统油道中的润滑油实际压力正常，而油压表指示的润滑油压力不正常或低压报警灯点亮；

(2) 油压过低时，油压报警灯不亮。

_____
_____
_____

小提示： 若润滑系统油道中润滑油的实际压力正常，而油压表指示的润滑油压力不正常或低压报警灯点亮，可能为油压报警开关短路或其导线搭铁。

若油压过低时，油压报警灯不亮，可能为油压报警开关断路或其导线断路、报警灯烧坏等。

检查断路故障可用万用表逐点检测，检查搭铁故障可用逐点拆线法检测。

任务四　单元测验

机型：JL476ZQCF发动机

模块竞赛时间：60分钟

选手参赛号	国家代码	模块	翻译后语言
	CN	D	CN

竞赛说明：对该模块的A1和A2部分必须按照顺序来完成。发现任何故障必须向裁判报告，裁判将向选手提出维修操作建议。

	作业说明
A1	发动机机油故障灯亮，使用现场设备进行检测 选手在A1部分发现任何故障都必须记录到作业单中
A2	读取故障系统的数据，并记录在作业单中 分析所记录的数据 排除发动机故障灯亮的故障

注意事项及要求：

（1）拆卸零部件前，必须向裁判报告。

（2）如需协助要向裁判示意。

（3）选手需要将测得的零部件、线路等故障的异常数据向裁判展示。

（4）选手应将待更换上去的零部件进行检查测量并向裁判展示。

（5）选手应对裁判恢复的故障进行验证或测量并展示。

报告单

序号	故障内容	更换	维修	备注
1				
2				
3				
4				
5				
6				
……				

竞赛评分表

选手参赛号		裁判签字			
竞赛机型		JL476ZQCF 发动机			
任务时长	60分钟	实际用时			

项目	序号	标准描述	分值	是/否完成	得分
安全与规范（15分）	1	正确穿戴劳保用品	2		
	2	保持工作区域干净	2		
	3	做好车辆安全防护	2		
	4	发动机启动前插好废气抽排管	2		
	5	完成所有任务并将所有工具归位	2		
	6	无不安全操作	5		
检修发动机故障灯亮（40分）	1	使用仪器仪表前需对其进行校准	3		
	2	作业前检查电池情况	2		
	3	作业前检查发动机机油情况	2		
	4	作业前检查冷却液情况	2		
	5	作业前检查制动液液位情况	2		
	6	作业前检查汽车外观	2		
	7	发现故障灯亮现象	3		
	8	检测机油泵传感器	3		
	9	检查机油泵线路	3		
	10	正确使用万用表检测	3		
	11	正确拆检机油传感器	10		
	12	展示并判断故障	5		
检修发动机机油泵（45分）	1	查阅维修手册，口述检测步骤和标准	5		
	2	正确拆卸机油泵及其零部件	10		
	3	正确测量机油泵零部件	5		
	4	正确判断测量结果	5		
	5	正确维修机油泵	5		
	6	正确安装机油泵	10		
	7	自主进行"8S"管理	5		
		总分	100分		